吃喝玩樂話矽谷

周典樂

著

從矽谷放眼加州，
探索西岸風情的吃喝玩樂

　　在寫這一篇序文時屈指一算，才驚覺我和典樂已相識九年多了！我們倆同是留學並旅居海外幾十年的臺灣囝仔，雖然都是生活在北美西岸，不過我定居於加西的卑詩省，她則是在美西的加利福尼亞州。要不是那一年北美《品》美食時尚雜誌的周年慶，前主編聶崇彬小姐邀請我至舊金山與當地華文作家們共襄盛舉，我也不會有機會認識這位說話輕聲細語，又如鄰家大姊般親切的美食作家！

　　2015年9月，她得知我入圍第四屆「島田莊司推理小說獎」的決選，從舊金山返台探親時還特地撥冗赴頒獎典禮觀禮，除了在現場為我加油打氣，返回美國後更與聶姐聯手將我的得獎推理小說《熱層之密室》推薦給「舊金山市立圖書館」典藏，並且透過館方邀請我重回舊金山為當地讀者作一場與臺灣推理文學相關的演講，還義務為我的講座出任導讀！

　　令我對舊金山充滿了好感，更對當地華文作家們相互提攜的人情味，倍感親切。

　　典樂是德州理工大學的食品營養碩士，也是俄亥俄州立大學的材料工程碩士，從這兩個截然不同領域的雙碩士學位，可端倪出這位奇女子不但跨界的彈性之大，更是多才多藝觸及多方面的藝術創作！她自幼愛好國

畫，高中畢業後拜國立藝專教授林賢靜學習花鳥、隨台北師專楊年耀教授習山水，再拜國畫大師歐豪年學習嶺南派繪畫，隨書法名家祝祥與王北岳教授學習書法篆刻……

　　自幼更在母親施秀芳女士的督促下背誦古文，隨父親周伯達先生學習寫作，在雙親的耳濡目染下飽覽中國古典文學，也開始學著用稿紙書寫並投稿。她的散文作品曾發表於《中央日報》、《中華日報》、《新生報》與《世界日報》的副刊，更以她對食品營養的專業知識，在北美《品》美食時尚雜誌有固定的美食專欄。2009年，她出版了第一本散文作品集《書窗外》，以典雅的文字記錄了人生片段中的浮光掠影。

　　她愛烹飪、擅廚藝、懂藝術、精繪畫、熟書法、涉古文、能寫作，可以說是左手拿畫筆、右手握鍋鏟，膝上還有個鍵盤能飛快爬格子的──「全能八爪女」呀！

　　我與典樂雖然分隔兩地，可是一直以來都為同一本雜誌撰寫專欄文字，我負責旅遊行腳方面的專欄，她則專精於品味中西美食、挖掘頂尖餐廳、尋訪矽谷多元化的吃喝玩樂專欄，從多間米其林星級的餐館到天使島、金門大橋、漁人碼頭，甚至是聖塔克魯茲山的各大酒莊，或藝術家艾未未在舊金山「惡魔島」的裝置藝術展覽……無論是耳熟能詳的觀光景點或是普羅大眾難得進入的祕境，她都能信手拈來寫得令人對那些人事物神往不已。

　　典樂的雜誌專欄之所以會吸引我的眼球每期必讀，源於她不僅是一位能以優美的文字具體傳達色香味的美食家，更有一種追根究底的記者精神，只要讓她逮到機會肯定會拉著米其林廚師打破砂鍋問到底吧？

　　再則，她的血液中也流著史學研究者的因子，在品味西方人的葡萄酒時，也能大發思古幽情浮起唐朝詩人王瀚寫的《涼州詞》，從「葡萄美酒

夜光杯，欲飲琵琶馬上催……」的詞藻中，告訴讀者其實在東方的詩詞古文學中，早能端倪出中國自唐朝開始就有葡萄美酒的釀造技術，並且於西漢時因張騫出使西域，更將高加索葡萄引進了中原。

　　近幾年來，典樂以聖荷西臺灣同鄉聯誼會會長的身分，在北加州不遺餘力推廣臺灣的文學、美學與飲食，一場場的演講將臺灣道地的文化與藝術引介到美國！

　　現在，她更開始了一系列的逆向推廣，將她在美國三十多年吃喝玩樂的心得與經驗，匯集成這一本旅遊書上所不會介紹，只有矽谷人才熟門熟路的珍饈、美饌、酒莊與祕境的寶典，引領臺灣的讀者重新認識那座印象中高科技的矽谷，探索它面紗底下另一股清新的休閒風情。

推理小說作家／旅遊專欄作家／博客來推理藏書閣書評人　提子墨

我的賢姐，千呼萬喚始出來

　　千呼萬喚，賢姐典樂終於把自己吃喝玩樂生活的心得集結出書了，不看不知道，一看出乎意料，原來她每一個章節裡的活動回憶，也有我的記憶，這就是說，每一部分的吃喝玩樂都有我的參與。

　　認識典樂，是在海外華文女作家協會的讀書會上，共同的愛好和付出，使我們彼此走近，直到我受佳訊集團委託，創辦了舊金山的第一本美食時尚雜誌《品》，典樂成了第一批我特邀的專欄作家，在第一次開創意會上就有她的端坐和發言。一直到我離開了雜誌社，她依然為雜誌筆耕不停。

　　而這本書裡的很多篇章，就是她為雜誌專欄量身訂造的，不論從創意知識面和情趣，她都給了讀者不同的體驗感覺。就拿吃來說，她不僅是位地道饕客美食家，更是精於烹調的美廚娘，加上營養師的知識，所以她的餐廳美文，總是賦予一種特別魅力，有科學益身體，有美味賞口腹；除了以上所提幾個方面，豐富的文化底蘊是這種特色的基底，更是別人無法臨摹的功力。她曾在北美的多家報紙上刊登自己對生活的種種心得，很多讀者都熱愛備至，甚至剪貼收藏。我怎麼會知道的呢？有此為證，我們雜誌社在舊金山總圖書館辦活動，報紙上刊登了消息，典樂受邀當嘉賓，居然灣區的讀者沖著她的名字而來，並帶來了剪報。

　　她自製的美食，從珍珠丸子到水果酒，從紅燒肉到越南春卷，還有蘇

格蘭咖啡，都是我們聚餐時的經典。還有改良的小吃杏仁片，我已經預約了明年3月的學習時間。跟著她一起吃喝玩樂，本身就是一種愉悅的享受與學習。

為何稱她為賢姐？當然，她首先是賢妻良母的佼佼者，在優質工作的同時，把家管理得好好的，可以說，任何時候踏進她家見到的都見她呵護兩位女兒的成長，每時每刻都有她貼心的參與，無論是接送上學放學，還是學校活動義工，她都全情投入。對社區的服務，她的投入更為無私，結緣甚多，我真的不明白，哪來的那麼多精力。

她年長於我，在灣區的時間也久過我，寫作時間想也長過我，但她完全沒有高高在上的架子，總是樂於幫助人，很多優質文章的誕生，都是出自她的想法，並帶領我們前去。有時候，還拖著丈夫開車帶路，例如小酒莊的祕密——移動生產線，Watsonville的草莓節和格倫愛倫小鎮——訪傑克倫敦故居等等的選題，都是在她精心策劃組織下得以完成，為完成任務，她常常出錢出力，還帶著我們一起開心玩樂，這樣的生活摯友，還不趕快認姐，霸為己有嗎？！

其實，吃喝玩樂只是典樂賢姐生活的部分，她淵博的文學藝術造詣更是了得，還不是嘴上說說那種，在灣區，有多少學生跟她學過畫畫，我想她自己也數不過來吧。

我的賢姐，我驕傲，我自豪，是為序。

資深媒體、出版人　矗崇彬

美化閒情，培養幸福感
——吃喝玩樂話矽谷

　　矽谷是科技重鎮，這裡房價昂貴，工作上生活上壓力都大，忙是大家的通病。孩子小時，接接送送，陪彈鋼琴、游泳、打球、畫畫、練功夫、跳舞，還有上中文學校。每天殺進殺出不知多少回，開車動軋碰上塞車耽誤時間，恨不得腳下生出哪吒三太子的風火輪能夠飛來飛去。忙歸忙，週末假日總有個半日閒的時候。忙裡偷閒，是為迎接下一回合的挑戰，所謂「休息是為走更長的路。」。

　　說來矽谷人非常幸運，吃喝玩樂都很方便。論吃，中餐館到處林立，八大菜系南北小吃，京津滬杭各地名菜，應有盡有，華人在此不難吃到家鄉的味道。美國餐飲業管理較嚴，注重安全檢查，用黑心油毒澱粉的可能性相對較少，吃來稍微安心。若中餐吃膩了，想換換口味，日本料理，韓國烤肉，海南雞飯，泰國粉，越南麵樣樣都有。想要嘗高檔西餐，灣區被米其林認證的一星二星餐廳也頗有幾家。若想要浪漫一下，找家情調好的西餐廳去享受法國或義大利美食，更是方便。僅Santana Row一條街上，便不乏選擇之機會。

　　論喝，喝酒品茶喝咖啡，這裡多的是精緻酒莊，或有情調的咖啡店。天仁茗茶、101茶園裡，買得到各種好茶。最得天獨厚的是環繞矽谷

四周的聖塔克魯茲山裡，大小酒莊將近六十座。矽谷人要品酒，不需去Napa。Cupertino, Saratoga, Los Gatos，東聖荷西山區裡都有酒莊開放品酒。這一帶所產的葡萄酒品質還勝納帕谷一籌。聖塔克魯茲山區泥層薄，泥土下之岩層富含各種礦物質，供給葡萄所需要的豐富營養素。葡萄的甜分視日照時間的長短而定，日照時間長累積的葡萄糖分則較多，山頂上日照時間比平地長，生產的葡萄自然較甜。山上早晚溫差大，清晨黃昏雲來霧去，都是葡萄喜愛的環境。是以矽谷四周的山谷裡，有多家頗負盛名的酒莊。Cupertino的Ridge Vineyards所釀的多款紅葡萄酒，曾得過法國品酒大賽的一等獎。Saratoga的Mountain Winery有座豪華的露天劇場，具有濃厚的歐州風情。其他有如世外桃園的美麗酒莊，散布在各個山谷之中，都有它的特色。品一回酒花費不過十元，是最廉價的浪漫。

　　論玩，矽谷人開半小時的車就能到海邊。要爬山更是方便，放眼四周都是山，登山小徑遍布各山區。聖塔克魯茲、半月灣、十七里黃金海岸，皆有多處美麗的海灘，堆沙堡做沙雕，弄潮戲水，踏浪看海，曬太陽吹海風，享受數小時的海邊休閒，對矽谷人來說實在是太方便了。若再多開半小時去舊金山漁人碼頭，逛街看熱鬧，搭渡輪去天使島或惡魔島觀光，都能過一段愉快的時光。說到登山健行，Saratoga Villa Montalvo、Los Altos Rancho San Antonio、Palo Alto Russian Ridge、Fremont Mission peak，都有走不完的山間小逕。這一帶的登山小逕，清幽自然，野花遍地，飛鳥穿梭，對喜愛登山的人來說不啻人間天堂。

　　論樂，矽谷族裔多，所以各種節慶也多。Gilroy的大蒜節，Watsonville的草莓節，義大利城的義大利節，日本櫻花節，中國新年的慶祝活動更不少。此外，這一帶也有許多家博物館，如de Young Museum、Legion of Honor、Asian Art Museum、舊金山現代美術館、史丹佛大學的

Cantor Museum等、家家收藏豐富，可以欣賞玩味的藝術品非常多。上博物館逛逛，看看各展廳的古今名畫，歷代工藝，名家雕塑等，很容易便能打發一天的時間。

　　兒女長大，相繼離巢，大部分的人開始有用不完的時間。更該好好地過個輕鬆愉快的週末。矽谷近處能夠一天來回的風景區很多，自已帶上午餐上山下海尋幽探勝，高山流水，奇岩飛瀑，美麗的風景說不完道不盡。稍遠的住上一宿，春爬尖石林（Pinnacles），夏遊Big Sur，秋到沙加緬度賞楓看鮭魚洄游，冬到太浩湖滑雪。加州國家公園特別多，優勝美地，國王峽谷，拉森火山（Lassen），海岸紅木公園等，都有特殊奇景，利用假期或長週末去住幾天，接觸大自然，放鬆自己，更是悠閒似神仙。北加州還有許多藝術氣息濃厚的美麗小城，如Mendocino、Healdsburg或Carmel等，都值得一遊再遊。

　　吃喝玩樂不會老，永保愉快心情，疾病不找你。住在北加州，把閒情美化，度個理想的半日閒，或過個浪漫愉快的週末，確實有取之不盡用之不竭的自然與人文資源。

——原載《老中地方報》，2015年8月。

目次 Contents

▌輯三　玩在矽谷

▌輯四　樂在矽谷

輯一

吃

在矽谷

灣區美食讚

　　以前在德州西北部唸書時，內陸地區，沒有海鮮。半沙漠地帶，缺少河川湖泊，所以也缺河鮮。老美不大懂得料理豬肉，吃牛排就是那裡的豪華大餐。大學城裡沒有東方雜貨店，只有兩家中餐館，菜單上不過十來道菜，又多是做老外的生意，嚴格說來一道像樣的中國菜也沒有。

　　後來搬到俄亥俄哥倫布市住了三年，那邊的情況稍微好些，有家窄小零亂的中國雜貨店。一樣是內陸城市，海鮮魚蝦奇貴，但有些湖鮮如鱒魚貓魚等。幾家中國餐館的菜色也比德州稍強，川湘魯菜都還地道。但想吃燒餅油條，廣東飲茶，就沒處吃了。記得城裡開了第一家廣東茶樓，同學們呼朋引伴大老遠跑去吃，菜單上根本就沒幾式點心，選擇機會很少。待得茶點端上桌來，蝦餃燒賣色暗乾癟，一嘗極不新鮮，原來是冷凍了很久很久後再拿出來蒸的，大夥大失所望吃得氣苦不已。

　　搬到加州，落腳矽谷。第一次上中國館子，是開在Cupertino的四川餐廳，記得那日打開菜單，看到幾十道的各色菜餚，雞鴨牛羊，海鮮素菜，著實大開眼界，尤其價錢至少比俄州德州便宜兩成以上，光看菜單就樂的心花怒放。菜端上桌後，道道美味，吃得大快朵頤。難怪中國人來到加州後，鮮有人願意再搬到別州。後來我們知道山景城卡斯楚街上餐館林立，又探知舊金山中國城的港式飲茶道地，Palo Alto的京香園有燒餅油條，我們每試一家都非常滿意。德州俄州的中餐館與這裡相比，真是天差地別。

　　定居加州匆匆三十年，以前那些老餐館，相繼歇業，新開的餐館一家比一家強。到今天，湘魯川粵，江浙閩台，八大菜系裡除了徽菜，這裡樣樣都有。其他南北小吃，京滬名菜，應有盡有。就連東北蒙古新疆等地的名菜，這裡也吃得到。灣區一帶餐廳的質量，亦一年比一年進步，越來越精緻可口。

　　這些年來，我接待過不少臺灣來的親朋好友，招待他們上館子，從來都吃得歡歡喜喜，異口同聲都說比臺灣一點不差。前年，大姑姐在喬治亞攻讀博士的兒子，到舊金山市政廳公證結婚，姑姐一家從臺灣飛來辦喜事，囑我找家餐館，宴請親友。我們在南灣大鴻福，席開三桌。姑姐對那裡的菜，大為讚賞。一對新人，見此地竟有像模像樣的酒席菜，幾乎喜極而泣。有一回幾位校友從外州來，本地校友聯合在醉香居宴請來客，叫了桌酒席，把那些外地客吃得讚不絕口，驚嘆此地菜餚的美味。其他幾家老店如狀元樓的餃子宴，王朝的廣式飲茶都曾是我們宴請親友的場所，每回都備受讚揚。這幾年，新餐館如雨後春筍般，陸續開張，我吃過的幾家：如南灣川魯人家、巴山蜀水、沸騰魚鄉、湘西粉王、津蒜子、東灣桂林米粉、麻辣方程式等都各有特色；舊金山賣正宗北京烤鴨的川流不息，不但有北京特色甜點京八件，更有許多富麗堂皇的菜。

左圖　大鴻福名菜－烤蝦
中圖　川流不息的京八件
右圖　亞歷山大牛排館的鮭魚沙拉

　　除了中國食物，矽谷一帶的日本料理、泰國菜、南洋菜、印度菜等亦是大有可觀，口碑好的餐廳不在少數。

　　這一帶的西餐館亦是一流，更不乏高檔餐廳。依據2014的Michelin Releases，米其林三星餐廳在美國僅認證十家，北加州即有兩家。二星餐廳共認證十七家，北加州有七家。米其林一星全美總共一百零三家，北加有二十九家，竟然佔了四分之一強。蘋果總部旁邊就有一家曾得過米其林一星的牛排館——Alexander's Steakhouse，那裡不需要預約，若想見識一下米其林餐廳的特點，隨時可去用餐。

　　好的西餐館，一般消費相對的高。如果想試試高檔西餐店，可以利用一月下旬與六月上旬的Restaurant week去試試自己有興趣的餐廳。在這兩段時間裡，許多餐館都有價廉物美的促銷活動。如果試了不喜歡，則罷！若喜歡，以後就可再來點菜用餐。

　　在矽谷，饕客是不會寂寞的。

——原載《老中地方報》，2015年9月。

什麼是米其林之星

　　被米其林（Michelin）評為星級的餐廳，幾乎可說是精緻美食的代表。食物的好吃與否也許是見仁見智，但米其林星級餐廳的食物絕對做得精緻美觀，他們著重擺盤藝術，是以賣相一流，讓人看了自然而然地食指大動。

　　經營輪胎業的米其林家族，由於要試驗輪胎的品質，時常需要開著車子東奔西跑，也因此有機會嘗試各地的飲食，竟然興起了出版餐飲旅館指引的念頭。1933年安卓魯（Andre Michelin）與愛道德（Edouard Michelin）兄弟創立了米其林星級評鑑的系統，介紹了法國第一家米其林餐廳，接著將這個系統向世界各地發展。米其林星級評鑑採一到三顆星制度，由他們專門訓練的食物品嘗家做評鑑。米其林食評家都是以匿名方式去品嘗菜餚，經過他們的試吃評鑑，如果合乎得獎的水準才按照菜餚精緻味美的程度來授予一到三顆星的獎章。一顆星代表「非常好的料理」，兩顆星代表「非常出色的料理（excellent）」，三顆星代表「無與倫比的特殊料理（exceptional）」。到2009年為止，三顆星的餐館在法國只有二十六家，全球也僅八十一家。米其林星級餐廳逐年增加，到了2012年，全球三顆星的餐館已有一百零六家。在美國，目前有十一家三顆星的米其林餐館，七家在紐約，一家在芝加哥，一家在拉斯維加斯，兩家在舊金山。舊金山的兩家都在納帕谷，分別是French Laundry與The Restaurant at Meadowood。

　　每年米其林公司會出版米其林指引，分紅色與綠色兩種指引。紅色指引主要介紹旅館與餐館，綠色指引是給旅遊與觀光之用。而所謂米其林指引多半指的是紅色指引（Michelin Red Guide），書中列出得到米其林一星到三星的餐廳或旅館。目前發行紅色指引的城市僅有：巴黎、倫敦、東京、京阪神（京都大阪神戶區）、北海道、紐約、舊金山、芝加哥、洛杉磯、拉斯維加斯、港澳（香港與澳門）。

　　米其林公司始於法國，飲食習慣自然以法國口味為主，是以品評起來自然有失公平。紐約時報的食評家Steve Kurutz，就曾公開指責米其林的評鑑不公平，某些大受美國食評家青睞的餐廳竟拿不半顆星，而授與星星

的餐館大多是以賣法國菜為主的。

　　米其林公司也曾被自己的員工（米其林的食評家）控告過，這位員工投訴公司把星級的授與當做人情，並批評公司的評鑑標準不夠嚴謹，控訴食評員遭受公司虐待，工作壓力大，待遇不合理。這起訴訟案件的結果雖然是員工敗訴，但米其林的品評制度也因此引起各界的部分質疑。

　　米其林的食評檢查員，並不是一件好做的差事，他們開著車子闖南走北，十八個月要吃四千家餐館。已得到星級的餐館每年還要吃兩三回以確保他們的品質，如果發現星級餐館的品質下跌，就必須立刻降低他們的評級。試想一個人平均每天要品嚐十家餐館，舌頭很可能吃到五味雜陳，九味難辯，而那五臟六腑裡，塞滿雞鴨魚肉，青菜時鮮的也不會怎麼好受。這也難怪米其林的品評制度，備受爭議。

　　在2010的一年當中，日本有許多餐廳得到米其林的星級授予。據說米其林是為了讓它母公司的輪胎業務能順利打入日本市場，而大大方方的在日本廣發星星獎章。這一年，日本得到一顆星的餐廳有四百四十三家，兩顆星的一百一十八家，三顆星的竟有三十二家。這樣的結果自然難逃巴結日本之嫌，也大受歐美食評家的撻伐。許多食評家對米其林的這種作法亦跌破眼鏡，因為竟然有家庭式不過僅有十張桌子的小餐廳也能拿到一顆

左圖　2016米其林指南
右圖　米其林式甜點

星。許多得到一顆星的餐廳卻並不領情，因為得獎之後生意火紅，訂位預約者大排長龍，商家疲於奔命，應接不暇，於是食物口味與服務品質雙雙下降，很快成為客人的拒絕往來戶，真是弄巧成拙得不償失。米其林之星的魅力雖然不小，但如果實力不夠，食物不夠水準，縱然勉強得到星評，可也就未必是福了。

　　米其林雖在日本亂發星星，但在美國還算謹慎。一般米其林餐廳的價格都較昂貴，口碑卻不一定都好。如何選擇值得一試的米其林餐廳，還應該配合多方面的評鑑，例如參考富比世，AAA，或Zagat的排名。事實上，客人的嘴巴是不會亂賣情面的，如果哪家米其林餐廳在消費上物非所值，徒具虛名，很快的就會名聲在外，這種餐廳自然就不值得一試。

──原載《品雜誌》、《老中地方報》，2013年4月。

米其林一星餐廳Campton Place

　　一月下旬是舊金山的Dine-About-Town，在這個時段，許多餐廳大打折扣，有機會嘗到物美價廉的飲食。米其林餐廳Campton Place，在這段時期以近乎一半的價錢，供應精美套餐，好友Linda與Kevin夫婦在網上看到這樣的訊息，邀我們同往，我們自然不會錯過機會，立刻與他們結伴前往一試。

　　這家餐廳裝潢典雅，但算不上豪華。唯一特殊的是天花板上的琉璃花吊燈，晶瑩剔透的琉璃由深到淺的橘紅單色系列，亮眼卻不俗氣，造型頗

似萱草花但很具藝術性，清麗美觀讓人看了心情立刻有舒坦之感。餐桌的擺設也很雅致，一瓶舌瓣黃菊花置於餐桌中央，米色的餐墊上置白色長方型餐盤，堪稱簡單大方。置身這樣的環境之中，還未用餐已有輕鬆愉快的感覺。

　　這家餐廳曾經得獎無數，供應的各種酒類與佳餚深獲顧客好評。它曾獲2011年Wine Spectator的Best of Award of Excellence，2012年Zagat Survey的Recognized of Excellence。它也是AAA四顆鑽石，富比世四顆星的餐廳，2011年開始得到了米其林一顆星的評級。由於眾多食評家的加持，它的價格非常昂貴，一盎司的蘇俄黃金魚子醬要價$188元，一盎司的加州黑珍珠魚子醬要價$95元，看了令人咋舌。一般的套餐大多訂價95美元包括兩道開胃菜及一道主菜外加甜點等四道美食。如果想配酒，那還得額外再加65美元。算來Dine-About-Town的價格實在非常實惠，湯或沙拉加上一道主菜僅要價每位28.95元。為了滿足好奇心在此時節走訪這家餐廳，倒是不錯的選擇。

　　Dine-About-Town的選擇非常少，沙拉與濃湯任選一樣，主食只有兩種選擇，牛肉或鮭魚。為了嘗試不同的食物，我選擇了生菜沙拉與鮭魚，先生選擇了奶油濃湯與牛肉。

　　上菜之前，餐館贈送一道青蘋果蘇打以幫助開胃。小小一杯海棉似的淡綠色飲料，淡雅怡人，喝來酸酸甜甜，滿嘴綿綿密密的氣泡，算不上驚豔但確實別有滋味讓人胃口大開。

　　接著吃麵包，一口咬下去，香脆鬆軟，還有一股似曾相識但說不出的滋味，的確與一般餐廳的麵包大不相同，相當好吃。舊金山一帶的西餐廳都供應酸麵包，但一般餐廳的酸麵包多半又酸又硬，乏善可陳。能做到像法國式麵包，外面香脆裡面鬆軟的並不多，這家餐廳的麵包算是非常有

水準了。我慢慢品嚐，恍然大悟，原來那股特殊的滋味是橄欖香味，麵包裡添加了切碎的橄欖！西方橄欖的好壞差別很大，品質不佳醃製不良的橄欖，必定又酸又鹹怪味難吃。若是橄欖的品種佳，醃製得法，則吃來酸鹹適中，滿口異香，有滋有味。他們選用的橄欖自是上好品種，加在麵包中製成了風味絕佳，獨具特色的橄欖麵包。真不愧是米其林星級餐廳，僅僅麵包一道就與眾不同。

　　吃過麵包，濃湯（Veloute）與沙拉陸續上來。那濃湯是以甜瓜（Butternut Squash）打成泥加奶油勾芡製成，中間放兩顆如紅莓大小的小小肉丸，飾以一節青嫩的羅勒（Basil），湯名為奶油甜瓜濃湯。這湯香醇濃郁，湯汁細滑，喝入口中完全沒有奶油的乳腥之味，也沒有甜瓜泥的濃膩之感，是道味美好喝的湯。

　　生菜沙拉是以鋸齒狀的生菜嫩葉為主，上撒烤得香脆的碎核桃與羊乳起司，看似普通，但每一葉生菜都是取其幼嫩的部分，所搭配的黃瓜小番茄等也都非常新鮮。沙拉的醬料非常清淡，是用橄欖油加義大利甜醋（Balsamic）加小檸檬（Meyer Lemon）與些許胡椒粉調製而成，清香撲鼻，為一盤不起眼的沙拉增色不少。Meyer Lemon此一品種原產於中國，於二十世紀之初，由美國農業部引進美國種植，至今已有一百多年的歷史。這種檸檬的香味酷似萊姆（Lime）又不失檸檬本身的香氣，跟一般的大檸檬相比有較多層的香味，由於種植得少，市場上並不多見，因此物以稀為貴，自是比一般大檸檬要名貴得多。

　　試過湯與沙拉，便覺這家米其林餐廳名不虛傳。接著上來主菜，我先試牛肉。牛肉是取牛小排骨部位上的排骨肉，份量不大，比一個巴掌還小些，上澆醬汁，旁邊配上乳白色蘑菇醬，並搭配菠菜，飾以羅勒嫩葉。牛肉的做法與一般的美式牛排大不相同，吃起來的味道好似中式的紅燒牛

上左圖 琉璃花吊燈
上中圖 青蘋果蘇打
　　　　　與橄欖麵包
上右圖 奶油甜瓜濃湯
下左圖 核桃生菜沙拉
下右圖 菠菜小排牛肉

肉，肉不但入味且燉得很爛。人說近朱者赤，加州中國人多，中餐館也多，此地的飲食難免受中國料理的影響，採用老中紅燒牛肉的作法去燉牛肉也是很有可能的。這道菜頗有中菜西吃的感覺，滋味比一般牛排店中的牛排要好吃多了。

　　鮭魚烤得非常香，魚皮煎成金咖啡色，旁有醬色與白色兩種醬料，配上烤得微焦的白菜花。我平常很怕吃魚皮的，可這魚皮香酥可口，一嘗之下大為驚豔，忍不住一口一口的吃光。鮭魚肉非常鮮嫩，那白色醬料微甜頗似美奶滋，用鮭魚蘸之也還相配。鮭魚在加州並非稀奇之物，由於平

中右圖 香烤鮭魚
下左圖 起司蛋糕
下右圖 蘋果派

時常吃，自己也試過各種料理方法，所以除了魚皮，只能說這道菜滋味尚佳，倒不覺有什麼特殊之處。

　　特價套餐並不包括甜點，但我們難得來此，決定另外叫兩道甜點來品嘗。我們點了起司蛋糕與蘋果派。兩道甜點端上來真嚇了一跳，每客九元的甜點之份量竟少的可憐。起司蛋糕只有一般咖啡店中的一半大，旁邊配一小杓不含牛奶的草莓冰淇淋，四個人一人分到拇指般大小一塊，挖一小杓冰淇淋配著吃，只能慢慢地細細品嘗，起司蛋糕做得非常細，冰淇淋芳香爽口，不失為一道精緻糕點。

　　那蘋果派更是又小又薄，配上香草冰淇淋，上撒數根切得細長的青蘋果，旁邊飾以紅糖漿，置於大大的白色圓盤中，越發覺得那蘋果派小得可憐。我們將之切成四塊，一人大約就分到一口，配一口冰淇淋，滋味確是不錯。這就是米其林餐廳，用少少的份量來吊你胃口，不讓你吃飽，讓你多點些東西，多花些銀子。

　　我們來到Campton，不過就是想試試米其林餐廳的飲食。一路品嘗下來，覺得它的每道食物果然都有獨到之處，雖然無法吃得酒醉飯飽，但至少達到了感受與領教米其林美食的目的，也算盡興而歸了。

——原載《品雜誌》，《老中地方報》轉載，2013年4月。

Campton Place SF

340 Stockton Street, San Francisco, California 94108, U.S.A.
ph｜(415) 955-5555
註｜Campton於2016年進階至米其林兩顆星

舊金山價廉物美Dine-About-Town

從2001年開始，舊金山的餐飲業因為感覺到餐館的生意面臨全面不景氣，為了自救而組成聯盟發展出Dine-About-Town之活動。也就是在淡季時舉行為期兩週的餐館週（Restaurant week）。目前舊金山一年舉行兩次餐館週，分別是1月15至31日，及6月1至15日。目前這個活動一直延續至今，已有十幾年的歷史，參加這個活動的餐館已多達一百餘家。

在Dine-About-Town的兩個星期之中，隸屬聯盟中的各家餐館皆會提供二至三道菜的套餐（僅限定午餐），價格約是平常價錢的半價。食客可利用這個機會品嚐價廉物美的菜餚，餐館也可利用這個機會向群眾介紹他們食物的特色並藉機做宣傳。舊金山市可利用Dine-About-Town的活動，在清淡的旅遊季節中吸引觀光客為它帶來人潮，如此不但人們可借此機會遍嚐美食，商家借此提升人氣，達到一舉三得的效果。

如果想要進一步了解Dine-About-Town的細節，只要Google即可查到詳細的資料。

蘋果木餐廳

車過金門大橋，再往北開一個鐘頭，就是漫山遍野種植葡萄的索諾馬縣（Sonoma County簡稱索郡）。那裡的人煙沒有舊金山灣區稠密，車輛

也不似灣區擁擠，是退休的好居所，休閒的好去處。索郡的西面是美麗的海岸線，東面緊鄰納帕谷，全郡盛產葡萄，許多著名的酒莊散佈其間。是加州除了納帕谷外，另一出名的品酒勝地。舊金山以南的河川到了夏天，多半乾涸，但索郡有條水流終年不斷的俄羅斯河（Russian River）貫穿而過。河水清澈，清涼，穿過紅木森林，流過野花遍地的山崗，清靜幽雅，加州人喜歡到此避暑。索郡的風景秀麗，可想而知。

在索郡的小城Guerneville，有家古典浪漫的豪華客棧——蘋果木（Applewood Inn）。它的附設餐廳（Applewood Restaurant），曾得過好幾年的米其林一顆星，也是Zagat的推薦餐廳。包括美國旅遊雜誌在內的四十餘家雜誌與報紙，都給予很高的評價。我們又與Linda、Kevin，一行四人，再次一同做了趟美食之旅。

小客棧躲在一小小的山谷裡，佔地六英畝，四周是參天的紅木。從谷口進來，但見山坡上一片蘋果林，暮春時節，花瓣落盡，剛結出了小小的蘋果。停車場旁花木扶疏，紅瓦的屋頂粉紅色的牆，建築物是十足的歐州風味，真好一所世外桃源也。小庭園裡，一大片鵝黃色的玫瑰花，幾株紫色的丁香花，數盆紅色的天竺葵，與白色的杜鵑花，交織出絢麗的一片春色。庭園中央，一座三層式的小噴水池，旁邊放了幾張木椅，活像歐洲貴族的祕密花園。蘋果木客棧離海十二英哩，走路可到俄羅斯河，附近又有多家可愛的小酒莊。近可釣魚划獨木舟或逛酒莊品酒，不遠處可衝浪抓鮑魚，是矽谷年輕之股場新貴們歡度浪漫週末的好地方。

蘋果木餐廳在客棧南面的二樓，進門處是一個小酒吧檯，吧檯上放著一台手工咖啡機，旁邊的花瓶裡插著一束深紅色的玫瑰花，讓人一見就感覺到這家餐廳的品味與精緻。酒吧與餐廳之間的隔牆上，有一古雅的壁爐，正燃著熊熊的火燄，釋放出一室的溫暖。北加州的春天到了晚上仍舊

寒冷，尤其我們遠從聖荷西來，越往北開越覺得冷，一下車便感到此地寒如初冬，能有壁爐取暖真是再舒適不過。餐廳內的裝潢很講究，落地大花瓶裡插滿華麗的緞帶花，牆上掛的畫皆是兼具色彩與創意的藝術佳作。室內燈光昏暗，鋪著米黃色的桌布上點著蠟燭，小花瓶中插著一朵紅玫瑰，氣氛十分浪漫。

　　索郡的消費額比起灣區，要物美價廉得多。蘋果木餐廳的主廚套餐每客七十五元，包括湯、沙拉、開胃菜、主菜、及一道精美甜點。若每道食物都要搭配餐廳推薦的酒，則要另加五杯酒的錢，整套酒的費用是五十五元。如果不勝酒力，只點一杯配主菜的紅酒或白酒，則只要另加十至十五元之間的費用。他們的麵包有兩種，白麵包與雜糧麵包，外皮都烤得溫熱酥脆，裡面皆鬆軟好吃。雜糧麵包，很有嚼頭，尤其顆粒狀的雜糧在唇齒間咀嚼的感覺與五穀的香糯，別具特色。

　　湯是用奶油與Artichoke熬的濃湯，撒上炒得香嫩的蟹肉，淋上小檸檬汁（Meyer Lemon），並飾以蝦夷蔥花（Chives）。黃綠色的濃湯，色澤如初春綻放的新葉，一看便令人開胃。湯的質地細膩，香濃的奶油與清香的菜汁混合出馥郁的美味；蟹肉醃過再煮熟，配著湯吃，更覺鮮美。幾口熱湯下去，四肢百骸都覺溫暖，剛才在外面逛花園所受的寒氣已一掃而空。推薦配湯的酒是俄羅斯河谷產的香檳酒，我的酒量差，故而沒有點套酒。我點的主菜是牛肉，點了皮那諾紅酒（Pinot Noir），先生點的是鱈魚，因此點了夏多尼白酒（Chardonnay）。

　　生菜沙拉與一般的Spring Salad一樣，亦是選用鋸齒狀的生菜嫩葉為主，以櫻桃小番茄，黃瓜片，胡蘿蔔絲等做裝飾。它的特色是加了金橘，及開口笑核果（Pistachios），並淋上祕製的蜂蜜醋醬料。推薦搭配的酒是白葡萄酒，產自索郡Hawley酒莊的Viognier。據說這種酒，具有柑

1	2
	3

1　Applewood Garden
2　吧檯上的手工咖啡機
3　白麵包與雜糧麵包

桔、熱帶水果與白桃的多重香味。配金橘沙拉一起吃，更能顯出沙拉的
特色。

　　我們為了嘗試不同的食物，遂選了兩種不同的開胃菜。黑珍珠魚子
醬配生蠔，一道普通的烤生蠔加一顆黑珍珠魚子醬，灑上小檸檬汁及橄欖
油，置於生菜嫩葉上，賣相看來很不錯。生蠔的味道非常鮮美，魚子醬與
之相配倒不覺有何特色，但我是第一次見到這麼大顆的魚子醬，也算開了
眼界。

1	2	3

1　Artichoke蟹肉湯
2　烤生蠔
3　軟煎干貝

　　番紅花醬燴軟煎干貝，餐館選用的是碩大的上選干貝，經過調味油煎後差似一塊小牛排，下面墊以牛油薯泥。番紅花醬中撒了一些法國紅椒粉。這是一盤色香味都吸引人的開胃海鮮，那干貝又香又嫩又鮮，一口咬下去真有驚豔之感，我們都讚不絕口。推薦配海鮮的是白葡萄酒，夏多尼（Chardonnay），加州出產的夏多尼特別好，在國際品酒大賽中，評價往往高過法國白酒。咀嚼一口干貝，啜飲一口白酒，海鮮的香味與酒的香氣在口腔中彷彿相互共舞，幸福圓滿之感油然而生，不由異口同聲道：這才是人生。

　　吃完開胃菜，餐廳奉送開胃雞尾酒。雞尾酒是現榨橘子汁加甜葡萄酒調製而成，一杯慢慢啜完，但覺滿口清香。飲雞尾酒的目的就是要洗清口中原來食物的氣味，以便品嘗另一道佳餚。

　　也是為了嘗試不同的主菜，先生與Linda各點了Miso鱈魚，Kevin點了羊排，而我點了牛肉。推薦搭配羊肉的酒是Syrah紅酒，搭配牛肉的是蘇維濃紅酒（Cabernet Sauvignon）。若搭配豬肉，則推薦皮那諾紅酒（Pinot Noir）。我們因為沒有點套酒，只能選皮那諾或夏多尼。我之未點蘇維濃來搭配牛肉，是因為皮那諾較溫潤，搭配各種肉類都勉強可行。

　　厚厚的一塊Miso鱈魚，烤得外焦內嫩，搭配炸得香酥的鮑魚菇與煮菠菜，飄著一股芝麻香，看來那鱈魚與菇皆是用芝麻油料理的。侍者親自上來淋上海鮮薑湯，原來鱈魚還要就著湯一起吃。鱈魚固然鮮美，但那酥炸鮑魚菇更是香脆好吃令人忍不住讚嘆。更特殊的是海鮮薑湯，看似清湯卻有螃蟹與干貝的原汁原味，入口清爽，多層次的鮮味，更令人忍不住地頻頻叫好。

　　脆皮小羊排，是主菜裡賣相最好的一道菜，如果單獨點，亦是菜單上最貴的一道菜。帶骨的兩大塊羊排肉上飾以薄荷葉，羊肉外面烤得酥脆焦黃，裡面卻是粉紅色，難得的是半熟的肉卻沒有一丁點的羊騷味。羊肉比

牛肉嫩，吃來竟有入口即化之感，不喜吃羊肉的我，真不敢相信有這麼好吃的羊肉。與它搭配的青豆、蘑菇與薯泥，皆是有滋有味，非常好吃。

　　牛肉是選用牛腰部上好的嫩肉，醬汁夠味，但比起羊肉來，滋味還是遜一籌。搭配的香菇，蘆筍與小馬鈴薯，味道都不錯，整道菜亦是精心製作，比起一般的牛排要好吃多了。

　　我們點了四種甜點，每道都精緻可口，四道點心一一品嘗下來，真讓味覺享受達到了極致。最好吃的甜點當數巧克力摩卡慕司，一層巧克力慕司疊在摩卡慕司之上，底層是酥餅式的蛋糕，上面撒著白色巧克力碎屑，搭配著Hazelnut Praline冰淇淋，點綴以薄荷葉片。蛋糕與冰淇淋中間放一塊小小的巧克力Macaroon，倍覺這道甜點的精緻。這道甜點在製作上非常費工夫，又要做慕司，還要做底層的巧克力酥餅。那酥餅格外鬆脆可口，比一般的派皮脆，更比一般的巧克力酥餅好吃。吃一口蛋糕，嚐一點冰淇淋，兩種滋味在口中，感覺到奶香的濃與潤，蛋糕的甜與脆，還有慕司的綿密柔軟，實在是好吃得不得了。

　　其次，奶油花生酥球，亦是別出心裁的甜點。這道甜點的作法非常特殊，我從未在別處見過這樣的點心。花生酥球剖成兩半，中間夾冰淇淋，上撒花生與白巧克力碎屑，並飾以薄荷葉片。白色盤子上用巧克力醬與紅糖漿畫成幾何圖形裝飾，賣相精巧可愛。花生酥球，又香又酥又脆，沾著糖漿吃，香甜可口。

　　奶油脆皮捲，是包著奶油的脆皮蛋捲，旁邊擠著一朵奶花，並配上多顆小藍莓。蛋捲下墊著蜂蜜與草莓醬，白色奶花上裝飾著一心二葉的薄荷嫩葉。剛烤出來的蛋捲香混合著蜂蜜與草莓的香，怎麼聞怎麼看、也算是精心製作的上品甜點，但比起前面兩道甜點，滋味就遜色得多。

　　鳳梨椰絲奶酪，這奶酪是餐廳自製的優格奶酪，鳳梨亦是用新鮮鳳梨

1	**2**	**3**
4	**5**	**6**

1 開胃雞尾酒
2 Miso鱈魚
3 烤牛肉
4 巧克力摩卡慕司
5 奶油花生酥球
6 鳳梨椰絲奶酪

與Chef合影

熬煮而成。奶酪上撒著椰絲與碎花生，一樣裝飾著一心二葉的薄荷嫩葉。鳳梨與奶酪的滋味都相當不錯。尤其是奶酪，香濃馥郁，口感滋味都好。但整道點心看來較平庸，賣相不是那麼吸引人。

　　一頓飯吃下來，大家咸認為，這是生平吃過最好吃的西餐。我們大老遠跑來度假，已有不虛此行之感。我們特別向侍者要求與大廚合照，大廚Tyja Taube聽說我們遠道而來並對他的廚藝讚不絕口，特地出來與我們握手聊天。見到Tyja，不免驚訝他竟是這麼年輕。原來他從小就喜歡烹調，高中時已在餐館打工學做廚師。高中畢業後，進廚藝學校學藝，自己又喜歡研究創新，終於當上了大廚。他告訴我們除了客棧旁邊的果園，後面還有大片菜圃，我們吃的蔬菜大多出自他們自種的有機菜圃。哇！早知道，我吃的每片菜葉都要細細地品嘗，以體會它渾然天成的新鮮與細嫩。他除了愛做菜，還喜歡戶外活動，尤愛潛水衝浪，抓鮑魚等。難怪他選擇在索郡當廚師，而不到鄰近的大城舊金山工作，在這裡大海與森林都近在咫尺。Tyja為興趣不斷嘗試與研發的精神，非常令人佩服。

　　蘋果木不過是米其林一顆星的餐廳便有這樣的魅力，那二星或三星的餐廳，又該是怎樣的精緻美食呢？我決定要繼續我們的美食之旅去尋找兩顆星以上的米其林餐廳。

——原載《品雜誌》、《老中地方報》，2013年7月。

南灣米其林二星Manresa

　　如果在Los Gatos Downtown附近的小巷中散步，走過一戶並不覺得起眼的住宅，卻見到不少衣著華麗的紳士淑女在那進進出出，好似去赴宴一般，難免會好奇的多看那棟房子幾眼。不過是棟一層樓的建築，庭院深深，花木扶疏，環境非常幽雅，看似一戶注重品味的小康人家，然而仔細看去，卻是家餐館，原來它是南灣頗負盛名的米其林兩顆星餐廳Manresa。

　　兩星級以上的米其林餐廳在北加州不到十家，南灣聖荷西附近亦僅此一家。Manresa有它專用的特約農場，農場裡種蔬菜水果，養牛羊雞鴨，所有食材皆直接從農場送來，以Farm to Table的理念，來標榜食物的新鮮。至於海鮮類，僅用Santa Cruz海邊補獲的魚蝦貝類，也就是說從漁港直接進廚房調理後直接上桌。大廚David Kinch是位名廚，出有Manresa食譜，行銷於各大書局中，還是今年食譜排行榜冠軍。這家餐館在yelp上的評價是四顆半星，多數的客人對它的食物誇讚不已，好話連篇，但也有少數幾位嫌它的幾道主菜太鹹。帶著幾許好奇心，我們美食四人行，決定一試這家南灣最高檔的餐廳。這家餐館，週一及週二不開業，五六日三天連滿數週，於是我們選擇星期四去享用晚餐。

　　與一般餐廳不同的是，Manresa有一設計很講究的前院。走進木造柵欄，踏入庭園，地上是以幾何形狀的巨大石板鋪成，非常美觀。園中花草

繁茂，四周並擺了許多盆景，還有棵秀逸的翠竹。大門很簡樸，由於裝有透明玻璃門，只要有顧客走近，帶位小姐立即開門迎賓。門口的石板地上置有多張沙發椅，茶几上還放有茶壺茶杯，庭院的設計很有東方風味。

　　我與Linda先到，沒多久老公與Kevin陸續自公司直接趕來。餐廳內部的裝潢，甚為素雅，牆上掛著畫著蔬菜水果的小畫，進門口與四處牆角的桌几上多擺有蘭花，桌上鋪著白色桌巾，給人一塵不染之感。

　　入座後，我們兩位女士點了熱茶，兩位男士各點了啤酒。那啤酒是餐廳特約的品牌，兩人均對啤酒讚不絕口，我好奇喝了一口，果然清香異常並有水果的甜香芬芳，的確好喝。餐廳只供應兩種套餐，不管選那一種，為方便製作，全桌的人都要選同一套餐，沒有商量的餘地，我們已預定了每人$130的套餐，所以不必點菜，入座後就靜候上菜。

　　一會，侍者端著一個大盤來送麵包。他們的麵包種類很多，白麵包、黑麵包、香料麵包、橄欖麵包等。形狀有切成片狀的，有圓形、橢圓形等。客人可以自由選擇麵包，可以每樣都選，也可視本身的胃口大小選多或選少。我選的三種麵包，味道都不錯，裡面又香又軟，但外皮的酥脆度稍稍差了些，雖有點小瑕疵，仍算得上是上品。

　　我們的菜單從前菜、沙拉、湯、主菜、甜點，原本共有八道，後又加送一道甜點變九道。菜單如下：

前菜	酥炸菠菜與起司丸
沙拉	番茄起司沙拉
開胃小點	豆花草莓冰花
湯	蛤蜊松茸湯
主菜一	煙燻茄子與鯖魚Mackerel
主菜二	芥末子與烤乳豬
甜點一	黃瓜冰淇淋無花果與乳酪
甜點二	草莓乳酪球
甜點三	鮮花巧克力蛋糕與紅莓冰淇淋

　　酥炸菠菜與起司丸，一人只分到一顆起司丸與一片炸菠菜。菠菜雖炸得酥酥脆脆，但只吃一片塞牙縫都不夠，實在吃不出什麼味道，若要達到品嘗效果起碼要供應兩三片，第一片試口感，第二片品嘗口味，如此這般一口下肚，實在無從評比。起司丸是起司混合蔬菜泥做成的丸子，雖然不大，倒能吃上好幾口。丸子炸得金黃油亮，香氣四溢，味道口感都不錯，外皮香酥可口，裡面綿密適口又美味，不愧是米其林兩顆星的美食。

　　番茄起司沙拉，三小塊醃過的番茄放在起司醬上，飾以幾片羅勒。賣相就令人有幾分失望，品嘗起來，滋味一般，還不如我自己醃的酸梅番茄好吃。番茄是很尋常的食材，若不能在調理上巧費心思，就會變成一道尋常料理。這道番茄雖用他們的私房醬料醃過，可惜醬料不甚美味，然而僅醃一醃就上桌也未免太不用心了。

　　開胃小點豆花草莓冰花，倒是非常特殊。草莓醬墊在最底下，上放豆花，覆蓋上冰花，淋上糖汁。豆花比中式豆花稍緊密，質地口感都不錯。好

1	2	3
4	5	6

1 各色麵包
2 酥炸菠菜與起司丸
3 蕃茄起司沙拉
4 豆花草莓冰花
5 蛤蜊松茸湯
6 煙燻茄子與Mackerel

似一碗豆花草莓剉冰，清爽有味，大家都很喜歡。吃這小碗冰花的目的，是
要洗去口腔中前菜與沙拉餘留的味道，而能清清爽爽的去品嘗湯與主菜。

　　上主菜前，侍著又端來麵包要我們選。我雖已吃了不少麵包，但他們
的麵包實在很誘人，於是我選了尚未嘗過的白麵包及我吃過最好吃的橢圓
形麵包。

　　蛤蜊松茸湯，一送上來，便覺飄來一股海鮮香氣。湯色澄明，用青豆
海苔做裝飾，看著很是舒服。我舀起一湯匙喝下，差點大叫出聲，如此清
湯卻鹹得像鹽巴水，一點海鮮的鮮味都沒有，令人詫異這大廚到底懂不懂
得燒湯。yelp上有客人批評他們的菜鹹，的確不是無的放矢，這湯何止是

鹹，根本是除了鹽巴就沒有其他的調味。撈出蛤蜊，倒很新鮮，而且完全沒有沙子，看來廚房曾費心將蛤蜊做過吐沙處理。我曾在一家Sausalito高級餐館喝過新鮮蛤蜊湯，一口嚼下去竟是嘎啦嘎啦滿口沙子，一碗湯便無法喝下去。這碗湯如此的鹹，也沒法喝，好在湯裡的東西並不鹹，撈出來吃，馬馬虎虎可以入口。我估計廚房可能先把松茸蛤蜊及配料燙熟再澆上湯汁即上桌，所以湯汁如此的清。湯中食材除了沾點淡淡鹹味外，一切都是原汁原味，自然也談不上什麼美味了。從這道菜看出，老外不懂得燉湯。松茸是鮮美之物，若能用高湯與之相燉，加點薑絲再下蛤蜊，定能做出又香又美味的湯。這碗湯的食材新鮮，搭配不錯，而這樣的作法真是暴殄天物。

煙燻茄子與Mackerel（鯖魚）上來之後，也讓人錯愕，看不到茄子也找不到鯖魚。原來茄子只有切成很薄的三片，又去了皮，所以猛一看認不出是茄子。鯖魚不過拇指大墊在一片醬瓜上，魚肉上蓋著一片茄子，所以也差點找不到。一個灰色的大盤子中，零零落落的放了三小堆食物，這樣的一道主菜，實在是在跟客人開玩笑。還好茄子味道很不錯，但份量實在太少了。鯖魚稍微腥了點，幸虧很小，因為吃了一口實在腥得吃不下第二口！切越大，豈不浪費越多！

吃到現在終於了解，為什麼他們供應那麼多麵包，大概先把客人餵飽了，剩下的每道菜都只是淺嘗而以。而這時的客人已沒什麼胃口，也發不出什麼抱怨了。

芥末子與烤乳豬的份量雖也不多，但那片烤乳豬肉有半個巴掌大小，配上洋蔥，芥末子，再澆上醬料，看來勉勉強強算道主菜。可惜我並不習慣他們所用的香料及醬料的味道，更糟糕的是乳豬烤得太老，那豬皮又乾又硬一點也咬不動。乳豬肉又肥又老，嚼不動也咽不下。任何一家中式燒

1	2	3
4	5	

1 芥末子與烤乳豬
2 黃瓜冰淇淋無花果與乳酪
3 草莓白巧克力乳酪球
4 鮮花巧克力蛋糕與紅莓冰
  淇淋
5 咖啡Macaroon

烤店都不可能把乳豬烤成這樣，從沒吃過這麼難吃的烤乳豬，結果我一口乳豬肉也沒法吞下去。吃到這裡，我們滿腔的熱情，已經全然冷卻。米其林的這兩顆星，真不知是如何認證的。

接著上甜點，黃瓜冰淇淋搭配無花果與乳酪。黃瓜冰淇淋非常清香，用黃瓜做冰淇淋真是別有風味。我向來愛吃無花果，而這無花果乃是上選，非常香甜好吃。乳酪香濃，潤滑而不膩，這道甜點吃得非常滿意。一肚子怨氣倒消了一半。

第二道甜點，草莓白巧克力乳酪球。紅色草莓與粉紅色的草莓乳酪珠圍著一大顆白巧克力，上面點綴一片黃色的炸豆腐皮，色彩柔美浪漫，一看立刻使人心情大好。白巧克力裡面包的是香草乳酪，口感在冰淇淋與

Yogurt之間，沒有冰淇淋的濃郁，但又比Yogurt濃厚綿密，非常好吃。無可厚非的，這道甜點精美絕倫，擔得上米其林兩顆星的價值。

　　附送第三道甜點，鮮花巧克力蛋糕與紅莓冰淇淋。這道甜點的裝飾，實在是挖空心思，細長一條巧克力蛋糕配一坨橢圓形的紅莓冰淇淋，再搭配新鮮紅莓，太妃巧克力碎屑。上面飾以一條繞圈彎曲的粉紅色酥炸麵條，還擺上一朵藍色好像勿忘我的小花。可惜那條蛋糕實在太細了，給人小家子氣之感。切大點不好嗎？為什麼這麼不氣派，枉費了這一番精心裝飾。幸虧巧克力蛋糕質地細膩，甜淡適中，比一般美式蛋糕好吃。冰淇淋與紅莓及巧克力也均美味。

　　總括來說，他們的每道菜都製作得極其用心，三道甜點尤其特殊。看來西餐在前菜沙拉與甜點上的造詣已有一定的功夫。湯與主菜的料理，就不能與有深厚歷史文化的中國菜相比。西餐料理，除了烤，大概只懂得炸（例如炸雞，炸薯條）。湯也只能做傳統的奶油濃湯。他們在燉、燴、煎、炒、燴等方面就不行了。所以在主菜方面的製作，還是只能上上烤牛排、羊排或炸雞塊等。想要有所變化突破，反而變得東施效顰，弄巧反拙了。

　　這家餐館的服務非常好，每次來上菜，除了送菜的侍者，還伴隨一小經理，為我們解說食材與調理方式。每道菜用完後，不管有沒有用過的器皿，盤碟刀叉湯匙一律全部收走，busboy立刻上前再擺上乾淨的新的一套刀叉湯匙。即使有些菜用不到刀或湯匙，他們照樣全部擺上。吃一頓飯器皿換了八趟，服務態度是超級的好，只是實在不須要這般費事與浪費。但這是他們標榜的米其林二星的服務品質，也只好任由他們浪費力氣做這樣不實際的事了。

　　一頓飯吃了兩個多小時，結束後又領我們去參觀廚房。我們看到廚房正在做鮮花沙拉，盤子裡擺了五顏六色的花朵，我認出了金蓮花、非洲

菊、韭菜花、蝦夷蔥花，還有一些叫不出名字的花。走出廚房，侍者又送上咖啡Macaroon做禮物。門口，年輕貌美的帶位小姐提著一個籃子，裡面是他們自製的椰子軟糖，囑咐我們多拿幾顆帶回家吃。不愧是米其林二星餐廳，他們在服務上用足功夫，把客人開開心心地送出門。縱有抱怨，到此時也說不出口了。

　　回想yelp上，幾乎人人對他們的服務讚不絕口，甚至有評論者說，在那裡，他們把我們當貴人看待。的確，不論貧富與否，進了Manresa都是貴客。

　　如果說要體驗全套西餐的用餐方式與服務的氣氛，Manresa餐廳還是值得試一回的。去第一次是情有可原，但如果去第二次，那就是冤大頭了。我倒不後悔花了那麼多的錢（加上稅與小費及飲料約$180），只吃了一場氣氛及小小幾盤好吃的開胃菜與甜點。但它畢竟是這一帶唯一的米其林二星級餐廳。離家這麼近，不去試試，可能會遺憾終身。縱然去了會感覺終身遺憾，但也只能一笑置之了。

　　　　　　　　　　　　　　　　——原載《品雜誌》，2014年3月。

Manresa Address｜320 Village Lane, Los Gatos, CA 95030
Hours of Operation｜Wednesday–Sunday, from 5:30 p.m..
　　　　　　　　　　The cocktail lounge opens 5:15 p.m.
註｜Manresa已於2016年晉升為米其林三星餐廳

品一回浪漫
——St. Francis Winery配酒宴

　　自從紅酒被披露既有營養又能抗癌後，大家都愛喝紅酒。蘇維濃紅酒（Cabernet Sauvignon）尤其大受歡迎。朋友們在家宴上，多半會擺瓶蘇維濃，但許多朋友都告訴我，不知紅酒好喝在那裡？葡萄酒不是只有蘇維濃，紅紅白白數十種，各用不同種的葡萄釀造，各有其風味與營養價值。喝葡萄酒是一種藝術，真要享受品酒的樂趣，就得先把營養抗癌放一邊，學習如何去品，如何搭配食物。

　　索諾馬縣（Sonoma County簡稱索郡）是與納帕谷齊名的酒鄉，那裡有許多環境優美的酒莊，St. Francis Winery即是其中之一。紅瓦白牆西班牙式的建築，一派美國西部的風光。酒莊後面是大片的葡萄園，一直綿延到山腳下。美麗的庭園有噴水池，石雕像，小花圃，奇花異草七彩繽紛。它有寬敞的品酒室，還有一間布置幽雅到處插滿鮮花的Pairing Room，供客人試酒配菜。所謂Pairing，即是酒與食物的搭配。它的菜單每季都會變換，搭配的酒亦自不同。去年我去武漢參加海華女作家的雙年會，Kevin夫婦曾邀先生一起去品嘗過，我回來後常聽他們講起配酒大餐，總是念念不忘地讚不絕口。近日Kevin太太Linda上網看到這一季的菜單很吸引人，於是邀我們同往。

看看他們是怎樣搭配食物的：

1. Burned Apricot and Prosciutto Salad
   vs. Sauvignon Blanc
2. Seared Scallop
   vs. Chardonnay and Rose
3. Sweet and Spicy Braised Bacon
   vs. Syrah
4. Roasted Sonoma Duck
   vs. Zinfandel
5. Cheese and Dark Chocolate Cremeux
   vs. Port

　　除了第二道食物配兩種不同的酒以外，每道食物皆配一種酒，搭配下來可以喝到六種不同的酒。

　　他們的每道食物都做得非常精緻美觀，尤其善用可食的小花做擺盤裝飾，更達畫龍點睛之妙。只可惜份量很少，不能指望拿它當正餐來吃，只能算是點心。但酒的份量就比較多，約是一般酒莊品酒的兩到三倍。酒量差的就要當心，視自己的酒量而定，不一定要把每種酒喝完。

　　第一道烤杏火腿沙拉配白酒（Sauvignon

上圖　St. Francis Winery
中圖　兩位侍酒師在取酒
下圖　Pairing Room

Blanc）。三片烤過的杏子配三片薄薄的火腿，加上Ricotta Cheese與土司脆片，撒上幾朵小金花與康乃馨花瓣，淋上香醋檸檬汁。小金花英文名Marigold，是一種可食花，花本身吃起來並沒什麼味道，不過放在沙拉上當裝飾倒是很好看。烤過的杏子吃來溫熱，可能對胃較好。我吃片杏子，嚐片火腿，喝一口酒，感覺還不錯。Sauvignon Blanc是我較喜歡的一種白酒，它的果香氣味好，酒的味道較多層次，但這一家的酒大概算中等，比較起來沙拉的滋味蓋過酒。兩著相配，仍有相得益彰之感。

　　第二道香煎干貝，配夏多尼白酒或玫瑰酒。侍酒師要我們兩種酒都試試看，然後告訴她，比較喜歡怎樣的配法。一只煎過的大干貝，搭配葡萄乾、胡蘿蔔、青豆與杏仁片，以嫩豆苗做裝飾。干貝醃過煎過滋味不錯。我吃一口干貝喝口夏多尼，感覺一下。再吃一口干貝配玫瑰酒，發現這樣搭配感覺較好。有趣的是，搭配結果，女士們都愛玫瑰酒，男士們都愛夏多尼。侍酒師對這樣的結果很滿意，我們認識到男女果真有別，而且不分族裔。既是如此，夫妻間該學習的就是包容了！

　　第三道，Braised Bacon竟然就是一塊油亮的紅燒肉。培根（Bacon）即是醃燻五花肉，只不過市面上賣的是切成薄片的包裝，大塊培根不切片而切塊就是這個樣子。培根煎過再紅燒，所以皮脆且不油膩，下面墊以馬鈴薯泥，搭配甜酸蝦仁與一條炸起司，飾以蔥花。這道菜的作法堪稱中西合璧。事後我們與大廚聊天，才知他的助理是位來自臺灣的中國女孩，他的確運用了很多中國菜的調裡方法。

　　這道菜非常有創意也美味異常，無論是吃一口紅燒肉喝一口紅酒Syrah，或吃一只蝦配一口酒都風味絕佳。事後調查，此道菜受歡迎的比例最高。

　　第四道烤鴨胸肉配烤櫻桃，鴨胸肉下面墊以野生糙米與四季豆，上飾以西洋韭菜。烤櫻桃上撒了幾朵西洋韭菜花。鴨肉滷過再烤過，又香又嫩

滋味非常好，想來又是那位中國助理
的料理功夫。糙米Q又有嚼勁，真是
好吃。這款Zinfandel紅酒是所有酒中
我最喜歡的一款，可惜我這時已不勝
酒力，預先把酒分了一半給酒量最好
的Kevin。後悔前面三款酒應少喝點，
到現在美酒當前竟只能淺嘗。這一道
的搭配非常理想，鴨肉肥瘦適中又入
味，紅酒香濃醇美，兩著相配感覺餘
味無窮。

　　第五道，主廚上選起司與巧克力
脆餅乾配甜酒Port。吾友Linda最喜歡

1	2	3
4	5	6

1 Sauvignon Blanc
　配烤杏火腿沙拉
2 香煎干貝
3 Syrah配紅燒Bacon
4 Zinfandel配鴨肉
5 Port配Cheese與
　甜點
6 與主廚合影

這款甜酒，每回來此她都會買一瓶回家。但我此時已頭腦昏沈很想睡覺，只淺嚐了一口配起司，模糊中覺得還好。我愛吃甜點，巧克力脆餅配草莓非常好吃，吃後精神稍好，但已不敢再喝酒，不知相配起來滋味如河。環看他們三人都豎起大拇指說好，想來是很不錯。

St. Francis週末Pairing的時間是，早上十一點，下午一點與下午三點，一天三場。品酒宴結束後，大廚會出來與大家講解並對話，我們亦有機會見到他的中國助理，一場宴席大約要花上將近兩小時。我們訂的時間是週六下午三點，是以四人一早出發到舊金山吃Brunch，再開車到酒莊。凡是買了配酒宴的，酒莊皆請大家免費品嘗一款酒，於是我們握了杯酒參觀品酒室，到外面逛花園，坐在噴水池邊賞景，等三點到了再入場吃品酒宴。當晚我們住在索郡的假日酒店，次日逛索郡小城Healdsburg，參觀各家畫廊，過了一個浪漫愉快的週末。

由於旅館離酒莊只有十來分鐘的路程，吃完品酒宴，到了旅館，大家都小睡了一會，再抖擻精神起來吃晚餐逛街。晚上回到旅館，我仍感頭腦昏沉，不到十點便倒頭睡去，一覺醒來已是早上八點，大家都說我福氣好。酒量好的那三人晚上皆上網查第二天的旅遊資料，研究討論並安排了次日所有的行程與活動。我暗想酒量差也有酒量差的好處，落個輕鬆坐享其成，豈不舒服哉！

附註｜附上St. Francis推薦的配酒餐，居家宴客或可作參考。
1. Poached Corvina See Bass vs. Chardonnay
2. Torta Cubana vs. Zinfandel
3. Roasted Maitake Mushroom vs. Syrah
4. Garlic Thyme Roasted Sirloin of Beef vs. Merlot

至於老中最愛的蘇維濃紅酒，則是配牛排的上選。一般大賣場買的蘇維濃，雖然濃郁卻多半澀。好的蘇維濃紅酒應該是濃而不澀，喝來很順口。喝酒配菜，多喝多試，細細品味，便能分出好壞，而領受到品酒配菜的樂趣。

——原載《品雜誌》，2013年11月。

St. Francis Winery & Vineyards

100 Pythian Road at Hwy 12, Santa Rosa, Ca 95409
Ph | (888) 675-WINE
www.stfranciswinery.com

舊金山特色食驛
——新食尚風味，祕魯菜正當紅

第一次好友Kevin與Linda夫婦邀我們去吃祕魯菜，我大為訝異，那地處南美的半開發國家，治安不好，人均收入不高，能有什麼好吃的？還以為那個國家除了馬丘比丘遺址有名外，飲食上怎麼可能有過人之處？

　　適巧大女兒去祕魯旅行，傳回幾張祕魯照片。小旅館悠閒隔世，街道古樸素雅，還真是休閒度假的好去處，對祕魯就不像以往那麼排斥了。女兒回來後跟我介紹祕魯美食，風土人情。引起我對祕魯菜的興趣，便開始做進一步的了解。

　　我與老公抱著好奇心隨Kevin夫婦等一幫好友去試試，結果令我大為驚豔！祕魯菜不但風味特殊，而且擺盤美觀，加上滋味不俗，的確算得上是精緻美食。

　　祕魯的海岸線很長，魚港海港很多。太平洋南極吹來的寒流，墨西哥的暖流在此流轉，這種氣候造成大量及多種類的海洋生物在這一帶的海域生長。祕魯沿岸的海域是世界四大漁場之一，海產極為豐富。雖然祕魯西岸的狹長平原，降雨量低極為乾旱。但貫穿南北的安第斯山脈多丘陵，夏季多雨。除了高原一帶寒冷外，丘陵地帶皆氣候溫和，那一帶土壤肥沃，盛產各式各樣的馬鈴薯。山脈以東是被亞馬遜雨林覆蓋的低地，十分遼闊，佔全國面積的百分之六十。雨林地帶，溫暖潮溼，植被豐富，野生動物也多。由於地形與氣候的多樣性，山珍海味，家禽走獸蔬菜水果，應有盡有。食材豐富，取材容易，在發展美食方面已佔盡優勢。

　　從馬丘比丘的遺址，可以看出祕魯的文明甚早。十一世紀到十六世紀的印加帝國，政治重心就在安第斯山脈上，她是那段時期美州最大的帝國，直到十六世紀末被西班牙征服。百年前又有大批的日本人與中國人移民到這一帶的海岸。所以當地的飲食風格，除了保留古印加帝國的風貌，亦深受西班牙的影響，並加入了中國與日本的調理方法。融合了本土與東西方飲食的料理特色，祕魯菜逐發展出獨樹一幟的精緻美食。

　　Ceviche（亦稱Cebiche）是祕魯菜最具代表性的一種調理方法。所謂Ceviche即是用檸檬汁來浸泡海鮮，如生魚片、墨魚片、鮮蝦等。以純檸

上　　圖　女兒瑋瑋在馬丘比丘廢墟遺址
下左圖　la mar
下右圖　面對海灣的用餐室

檬汁醃海鮮，不但有殺菌作用，檸檬酸還能改變生魚片蛋白質的組織，使其有煮熟的口感，卻仍能保持其鮮嫩。Ceviche料理，除了以檸檬汁為主外，還可加祕魯黃辣椒、小紅椒、香菜、紅蔥頭等各種辛香調味料。各家祕魯菜館，亦可能有不同的特殊配方，相同之處，則多半以酸辣為主。只要ceviche做得美味，經營祕魯菜館就成功了一半。

　　祕魯出產的辣椒品種很多，大部分的醬料都用辣椒調製。Aji Amarillo Pepper是一種黃色辣椒，辣味較溫和。rocoto是祕魯紅辣椒，據說比一般的辣椒更辣。

祕魯是馬鈴薯之鄉，在這裡馬鈴薯的品種非常多，依據大小顏色的不同，種類有兩千八百多種。高原一帶，盛產一種金黃色的馬鈴薯，當地人將其壓成泥配肉蛋海鮮來吃，即是Causa，這也是一種祕魯的特殊料理。

我們初嘗祕魯菜是在舊金山的la Mar。這家餐館座落在PIER1 1/2，窗外就是美麗的舊金山灣。一面用餐，一面看遊艇沖浪，白帆穿梭，碧浪白雲相映成趣，如此美景，用餐的心情，自是歡樂。

Linda夫婦來過多次，他們對祕魯菜頗為熟悉。根據他們的推薦，我們點了cebiche、causa、empanadas、arroz等食物。

西餐館點完菜後，便先上麵包，這裡則送來一筒綜合薯片，搭配一小碟紅白蘸料（Sauce）。綜合薯片有各色馬鈴薯片，地瓜片，還有香蕉脆片。地瓜香蕉都不稀奇，但炸成薄薄的脆片，卻不常吃。兩種蘸料的風味都很特殊，紅的辣，白色的不辣。由於這種吃法不常見，吃來格外開胃。

la Mar的cebiche種類很多，用各種不同的生魚片去醃製，作成各式各樣的cebiche。也有以數種不同海鮮醃製的cebuche mixto，也就是mix魚片、鮮蝦、墨魚等於一盤。他們的cebiche，還會搭配紅薯與玉米。這種料理方法或許是因為新奇吧！目前大為風行，深受老饕喜愛。雖然我嫌它稍微酸了點，也不覺有多麼美味，但因沒吃過覺得新鮮，卻也吃得十分開心。

Causa的賣相很好看，彩色的薯泥捏成一個團，上面蓋上用醬料醃拌的菜餚，再加上裝飾。以前從沒看過，見到一道小菜是這樣的作法，甚覺新奇。Causa的種類更多，除了傳統的黃色薯泥，也有用紅薯及紫薯的。不同的薯泥，用不同的醬料拌勻，上面更可用各種醬料去醃拌各種不同的蔬菜海鮮或雞鴨牛豬。這樣搭配起來，千變萬化，想做什麼樣的Causa都行。

1	2	3
4	5	6

1 各色綜合薯片
2 Cebiche Mixto_Causa
3 蟹肉causa
4 Empanadas
5 Vege empanadas_causa
6 Arroz Norteno

　　empanadas，酷似中式咖哩餃，裡面的包料可葷可素。由於個頭比咖哩餃大很多，稱做酥皮盒子更為恰當。一客empanadas，兩個盒子交叉相疊在白色盤子上，擠得很藝術的醬料配兩塊奶油，用一片萊姆（Lime）裝飾。不過是尋常的一客酥皮盒子，卻擺得這樣清爽好看，只要做得還差強人意，客人就能吃得開開心心了。

　　我點了一客vege empanadas & Causa，素盒子裡包的是蘑菇，黃椒與起司，下面墊著幾條綠色醬料。金黃色的素Causa上覆蓋紫色的蔬菜沙拉飾以綠色香菜。一盤食物色彩多變，侍者一端上來，就覺滿心歡喜。我

與同伴們一面聊天一面吃，竟忘了去細細地品嘗食物的味道。由於Causa的份量不大，三兩口吃完，下肚後再去回想它的滋味，已是記憶模糊。看來食物的色香足能壓過它的味道，大部分的人囫圇吞棗之下，要分辨比較食物的美味與否，並不是那麼容易的事。

　　arroz，與中餐的燴飯很相似。最常見的是Arroz Norteno，祕魯海鮮燴飯，配料有蝦仁、墨魚、干貝、淡菜等。一般西餐的米飯多煮得半生不熟，祕魯煮飯深受當地華人的薰陶，倒煮得軟硬適中。海鮮用祕魯黑啤酒，黃辣椒等調味料燉煮，用新鮮番茄片與紫洋蔥絲做裝飾。賣相與口味都算是不錯，比西班牙海鮮飯好吃。

　　還有一道arroz fusion，也很好吃。所謂fusion就是融合，中國式的炒飯用祕魯辣椒與東南亞的香料加椰奶去調味。配料用茄子、青椒、櫛瓜，並撒上酥烤腰果。這是一道融合祕魯與亞洲風味的炒飯，滋味不錯，大獲我們這一團人的好評。

　　除了燴飯，他們也供應白飯搭配各種Picante料理。Picante是西班牙式醬料，基本上就是用番茄做底，加洋蔥、青椒等有刺激性的蔬菜，用胡椒、辣椒、蘿勒、蔥花等各種辛香料所熬製的醬料。用Picante可燉煮各種食材，海鮮、雞鴨肉類、或蔬菜，是為Picante料理。我們點了一道Picante de vegetables，辣番茄醬燉綜合蔬菜加胡蘿蔔馬鈴薯，上用四分之一個白煮蛋做裝飾，用來配白飯，很是開胃。

　　在甜點方面，他們除了供應西式甜點外，比較特殊的是祕魯水果冰淇淋，fruit sorbet。他們供應的sorbet，五顏六色非常好看。除了，紅莓、草莓、藍莓、芒果、桃子外，還有百香果、祕魯紫玉米等，款款都清香可口。

　　嚴格說起來，祕魯菜就是一種融合。融合西班牙，中國，日本及東

1	2	3
4		

1　Arroz Fusion
2　picante de vegetales
3　fruit sorbet
4　美食品嘗大隊

南亞的各種風味及烹飪方法。由於東西方的大融合，而發展出自己的獨特風味菜。他們重視擺盤藝術，與不同顏色的醬料搭配，端出之菜餚務求美觀。飲食環境的優雅與菜餚的色香味俱足，亦讓祕魯菜廣受歡迎，發光發熱。祕魯菜的多元化與新奇，成就了它今日在國際上的美食地位，而蔚為飲食界的新風尚。

──原載《品雜誌》，2015年5月。

勇敢追夢──劉昊辰的工程料理魂

　　位於矽谷的山景城（Mountain View）是Google（谷歌）公司的總部。這裡是科技重鎮，來這裡尋夢的人都是想找家有潛力的科技公司，謀得一官半職，好發發股票的財。像八〇年代的英特爾，九〇年的思科，兩十年後的谷歌。運氣好的話碰上這樣的公司，做上幾年，公司上市，股價橫空飛漲，搖身一變就是千萬富翁。大部分矽谷人的美國夢，都不外如此。原本是電腦工程師的劉昊辰，卻反其道而行，來到矽谷不當工程師竟開了家小餐廳Kumino追尋他的名廚夢。

　　這家餐廳，不過十來張桌子，雖小，但有啤酒牌，很適合工程師們到這裡來休閒小憩，吃吃便餐，喝杯啤酒。新張小店，窗明几淨，採光良好，一派新氣象。唯一的一片粉牆上畫著頭戴鳳凰釵飾的中國古裝女子，裝潢清雅大方，給進來用餐的人十足的舒適感。這家店新張不久便門庭若市，口碑極佳，劉師父烹調的手藝因此不脛而走。矽谷許多公司都給工程師們很好的福利，為了讓他們專心工作，中午多半叫外賣以免工程師們外出奔波。Kumino已有多家公司跟他們訂購午餐，生意非常興隆。開張三個月以來，業務蒸蒸日上。電腦工程師劉師父似乎已為他自己的米其林名廚夢，打開了一條康莊大道。

計算機系畢業生與米其林

　　提起劉昊辰的經歷頗為特殊，他畢業於北京郵電大學的計算機系。郵電大學在2015全國的排名是第六十一名。而在理工類大學的排名，則排第二十六名，是相當優秀的大學。昊辰畢業後，順利進入職場當電腦工程師。工作一年後，有了些積蓄，他選擇出國留學，但跟一般人不一樣的是，他進入了Culinary institute of America（簡稱CIA）去學習烹飪，打算追求自己的名廚夢。

　　昊辰自幼喜歡吃美食，這要歸功於他喜歡烹飪的父親。昊辰說，他父親若在外面吃到什麼好吃的菜或麵點，一定回家試做。父親對烹調極具天份，不管任何料理都能做得與餐廳的味道相似，即使無法做到一般無二，

左圖　Kumino noodle & rice
右圖　劉昊辰與他可愛的小店

也能自己改良而做得非常好吃。他自嘲從小美食吃多了，養成了好吃的習慣，而學烹調的最大動力就是愛吃。

因為愛吃，長大以後，每吃到好吃的食物，他也學著做。但他的要求，居然比父親還要高。他不但要求菜要做得像做得好吃，還一定要做到幾可亂真，味道差一點都不滿意。愛吃又愛做，於是他對烹飪一道開始下功夫研究。製作美食，除了給家人吃，當然也希望跟朋友分享，進一步地跟大眾分享，因此當廚師開餐館的夢想，開始在他的心中萌芽。

2012年昊辰來到紐約，與在北京郵電大學認識的同學也是女友結婚。劉太太2011年大學畢業後，即到賓州大學攻讀電腦碩士，她不但理解昊辰的廚師夢，還鼓勵幫助他，毅然與他完婚再回賓州繼續學業。她研究所畢業後順利在山景城的一家軟體公司找到工作，與昊辰再度遠距離地分離在美國的東西兩岸。

昊辰也非常有出息，在CIA修習完兩年的課程，去年畢業後順利進入矽谷米其林二星餐廳Manresa工作。夫妻經過了三年的聚少離多，終於團圓，並在矽谷定居組織小家庭。

昊辰在Manresa工作了一年多後，那時夫人已在矽谷工作了兩年。夫妻倆有了一些積蓄，昊辰便想要開一家屬於自己的餐館。劉夫人不計成敗，投下所有積蓄，幫助丈夫築夢。他們選擇在山景城，因為離夫人上班的公司很近，離住家也不過二十來分鐘的車程。由於初次創業，他們頂下一家小小的簡餐點，用米其林的烹調手藝調裡精緻的簡餐與撈麵。由於食物精緻，價錢合理，客人到此能吃到高貴但不貴的簡餐，還能享受米其林的調理風味，因此大受歡迎。目前夫人有孕在身，他們即將迎接第一個小生命的到來。

2016米其林大贏家Manresa

　　昊辰非常幸運，自CIA畢業即進入Manresa當助理廚師。Manresa位於南舊金山灣的小城Los Gatos市，距山景城大約半小時車程。那裡是矽谷的邊緣地帶，離工業區有段距離，是觀光休閒小鎮，餐館、酒莊、畫廊、精品店林立。

　　兩星級以上的米其林餐廳在北加州不到十家，Manresa是南舊金山灣唯一的一家米其林二星餐廳。這家餐廳我是去過的，他們以「Farm to Table」的理念，來標榜食物的新鮮。因此所有食材，皆直接從專屬的特約農場送來。而海鮮類，則僅用Santa Cruz海邊新鮮補獲的魚蝦貝類。那裡的麵包非常有名，開胃小菜及甜點都做得不錯。我吃過三道主食，除了擺盤好看外，實在不中吃，而且偏鹹。客人到Manresa，醉翁之意不在菜，主要是吃米其林兩顆星的氣氛。

　　新出爐的2016年米其林名單裡，Manresa是大贏家，他自二星被提升到三星。米其林給餐廳最高的榮譽即是三星，全美國的三星級餐廳總共只有十三家，北加州佔了五家。Manresa的食物若還是我吃過的那樣，即使光靠噱頭，不降級就不錯了，相信是不可能升級的。能上三星榜，想必他們在食物的口味上，定有極大的改進。昊辰以他調理中國菜，色香味俱注重的功底到Manresa工作，想必對他們有極大有幫助。他工作了一年，餐廳就得到升級，或許純屬巧合。但我相信他的調味方式，及他自幼培養出的品嘗功夫，絕對會讓老美廚師得到許多啓發，而提升他們自身對美食的要求，進而改進食物的口味變得中看又中吃。

烹飪學校裡的西點軍校CIA（Culinary institute of America）

CIA的全名是Culinary institute of America，是美國首屈一指的烹飪學校。CIA成立於1946年，本校區設在紐約的Hyde Park。北加州的納帕谷，德州的聖安東尼奧及新加坡都有分校。

名星食評家Craig Claiborne曾在紐約時報上寫道：凡是專業學校都有出類拔粹的重點培訓。軍事訓練首推西點，音樂學院首推茱麗亞，烹調藝術首推CIA。

CIA除了教授烹調技藝，並教授餐飲業的經營管理，訓練學生的領導能力，與發明創造力。他們重視營養與衛生，培養學生的道德觀念。期許學生進入餐飲業後，能夠本著良心做菜，不賣黑心食品，傷害食客。除了教授法國式的料理及糕餅烘焙外，世界各國的飲食製作亦有專門課程。尤其引導學生研發創新，在基本烹調的基礎上去創作與眾不同的新菜式。

自CIA畢業的學生，95%都可在畢業不久即找到工作，而且多半都受聘於米其林或星級旅館裡的高級餐廳。要不，也會受聘於知名的大餐廳如高級牛排館等。其他百分之五的學生，或因家境好，一畢業就去開自己的餐廳或開創自己的事業。CIA的校友遍天下，有許多成名的大廚，還有許多出版食譜的美食作家，更有經營連鎖餐廳或食品工業的企業家。

白宮的國宴大廚，指定要CIA的畢業生。許多有名餐館聘任廚師亦是非用CIA的畢業生不可，想要成為名廚，進入CIA就讀，就是成功的一半了。

Fusion美食Kumino noodle & rice

　　昊辰在Manresa一年多的實習，亦得到了許多實際的操作經驗。他發現口味好吃與否，不是最大賣點。客人更在乎食材的新鮮，飲食的衛生與健康。他決定從小餐館作起，將米其林式的精緻製作，用平價的方式提供給大眾。

　　Kumino noodle & rice走的是融合（Fusion）路線，以賣撈麵與蓋飯為主打。他將中日韓的飲食巧妙溶合，做成兼具各家之長的料理。雖然也賣西式沙拉，但亦加入中華料理的元素，如豆腐沙拉，以及用醬油調味等。

　　不可能像Manresa一樣擁有自己的專用農場，也不可能請漁獲公司送當天補獲的海鮮到店裡；但他能做到用節令食材，當天購入的新鮮魚肉來做料理。於是他春夏兩季用mushroom及各種綠葉蔬菜；秋天用南瓜，茄子；冬用橘子系列。春夏秋冬四季，都有不同的菜單。

　　Kumino的菜單非常簡單，基本上只有四大類食物，刈包（buns），前菜（包括沙拉），撈麵（noodle bowl）及蓋飯（rice bowl）。刈包在中國北方叫肉夾饃，不論南北小吃夾的都是肉。Kumino供應四種刈包，有紅燒肉，肩胛肉，燻三文魚，及炸茄子素包。四種刈包我都品嚐過，各有特色樣樣美味。昊辰摒棄中國人常用的春捲炸餛飩，改以刈包做頭台，是非常大膽的嘗試。大部分的人都喜歡嘗新嘗鮮，昊辰的創新，大獲客人好評，刈包成了客人津津樂道的特色菜。

　　他有一道辣味炒年糕，極其美味。年糕用小拇指大小的圓柱形，炸過再用自製的辣椒醬與櫻桃小番茄拌炒，上撒炸洋蔥、綠蔥花、香菜、小豆苗等。似湖南風味亦似韓國口味。年糕脆中帶Q，香辣夠味，吃得人人讚不絕口。

還有道非常特殊的Warm Eggplant Salad。炸過的茄子及洋蔥圈，烤過的小甘藍，燙過的櫻桃番茄等拌綠色生菜，醬料是獨門祕製。秋冬天寒，吃溫熱沙拉，非常受用，客人都覺沙拉不但爽口且吃來讓脾胃更覺舒服。

他做撈麵的湯底，有用牛大骨熬的牛骨湯及用豬大骨熬的豬骨湯。素撈麵之湯底則用蘑菇芹菜豆芽等素菜加黃油（Butter）熬製。湯底好，魚肉新鮮，他的各款撈麵都非常受歡迎。叉燒撈麵尤受客人喜愛。他的叉燒是廣式料理但沒有用紅色素染色，而是醬油原色，肉嫩夠味，燒烤香味中鹹淡適中，因而大受客人賞識。

他的蓋飯，更是真材實料。無論是雞肉牛肉，或搭配的蔬菜都用心料理。一碗平價蓋販，賽過一大盒日本便當。

餐館中所用的食材原本相同，完全靠廚師的手藝去變化出高級與否的料理。廚師用他烹飪技術加上良心、專心與恆心去調理，自能讓客人以合理的消費享受到美味高級的好菜好飯。

第一位華裔的米其林三星大廚！？

昊辰以小店為起跑點，磨練自己經營管理的經驗。以Fusion美食為主打，用他中國菜的基礎加上學院派的訓練及米其林三星的洗禮，將他的創意美食介紹給消費大眾。他的志氣當然不止於此，他還有理想要追求。中國菜無論在製作及歷史文化上，都不是任何菜系可比得上的。但海外的中國菜惡性競爭，一味削價從而減低了品質，無法發揮中國菜的精髓。只要小店穩定賺錢，有了足夠積蓄，自然能慢慢地邁向高級餐廳之路，將真正精緻的中國菜介紹給大眾。

目前在舊金山剛出爐了一位韓裔的米其林三星大廚，而他打的竟然是

1 我與劉昊辰合照
2 叉燒撈麵
3 雞肉蓋飯
4 Spicy Beef Ramen
5 海鮮撈麵

中國風的Fusion烹調。他工作的餐廳Benu剛選上2016年米其林三星榜。
人生有夢,努力追尋定能得到回報。昊辰成為第一位華裔的米其林三星大
廚,指日可待。

——原載《世界週刊》,2016年1月。

6 四種割包料理
7 辣味炒年糕
8 Warm Eggplant Salad

一日逍遙納帕谷

　　納帕谷（Napa Valley）是矽谷近郊，值得一去再去的地方。眾所周知那裡是加州最負勝名的酒鄉，除了酒莊不計其數，加州排名前兩名的米其林三星餐廳French Laundry及Meadowood都在納帕谷。在那裡吃喝玩樂的花樣特別多，如果只去一天，該做怎樣的安排呢？

　　從矽谷開車到納帕，起碼要一個半鐘頭。既然去玩一趟，自然要做最精彩的計劃。說到吃，米其林三星餐廳除了價錢昂貴，訂位都得在半年前預約。於是我們上網查詢，發現位於納帕市中心的TARLA餐廳，Google評價五顆星，Yelp評價四顆星。又因想利用午餐前的一段時間在城裡逛逛，便選擇到TARLA用午餐。

　　到底是觀光城市，納帕市的商業街，有美麗的建築，造型特異的雕塑作品，乾淨到幾乎一塵不染的街道。觀光客都湧去城郊的酒莊或搭品酒列車，飛熱氣球去了，即使是星期假日，納帕城裡仍然行人稀少，這樣反而能享受逍遙的逛街樂趣，從容地欣賞城裡，維多利亞式、哥德式，及歐州移民風的各式建築之美。

TARLA享用午餐

TARLA供應地中海菜，全名「TARLA Mediterranean Grill」。地中海飲食給人的觀念是健康，特色是用橄欖油取代其他的沙拉油。環繞在地中海的國家，東從土耳其，西到西班牙，北有希臘、義大利，南有部分的摩洛哥與埃及等，這些國家的料理都屬於地中海食物。而這一區兩千年前都是羅馬帝國的版圖，他們原來都是一國人，飲食上自有相似的傳統與特色。以現代人的眼光來看，法國菜、義大利菜、西班牙菜都算得上是地中海菜。所以地中海菜乃集各國名菜於一堂，可精緻可大眾化，加上靠海靠山，不但食材取用豐富亦善於變化。

我們只有兩人，沒辦法叫太多，為嘗試不同風味的食物，逐點了石榴麥片沙拉、希臘牛肉捲餅及釀西洋茄子。沙拉端上來，色香味俱佳，以翠綠的洋甘藍菜（Kale）為主，搭配白色大麥仁，灑上如紅寶石般的石榴子，堆成小山的沙拉上覆以醃過的紫洋蔥。甘藍沙拉中拌有浸以白酒的杏子與葡萄乾，還有醋醃蘋果。義大利式的沙拉用的沙拉醬多半是甜醋與橄欖油，沒有濃郁的起司奶油醬，吃來非常爽口。甘藍脆嫩，麥仁香糯，其他配料無不美味，吃得我們頻頻叫好。

希臘牛肉捲餅（beef doner Gyro）的好壞，除了烤牛肉要做得好外，最重要就是蘸肉的乳酪醬。Doner指掛在鐵柱上的烤肉，是古老的奧圖曼烤肉方法。希臘人把羊牛肉等絞爛混合製成大肉團掛在鐵柱上燒烤，再一片片切下蘸上醬料包在餅裡吃稱之為Gyro（發音伊肉）。我們在俄亥俄州立大學唸書時，校門前的北高街上有一家希臘捲餅店，不但肉質好，乳酪醬滋味甚佳。離開學校後十分懷念，加州希臘捲餅不太流行，好不容易發

1　納帕的美麗建築
2　納帕市街上的大型
　　藝術作品

1	2

3	4
5	6

3　石榴麥片沙拉
4　希臘牛肉捲餅
5　釀西洋茄子
6　土耳其千層酥

現一家，卻覺不好吃，乳酪醬的調味尤其古怪。即使三年前到希臘旅遊，亦覺他們本土的Gyro，滋味並不佳。而此店的Gyro，牛肉非常嫩，乳酪醬濃淡適中滋味甚好，比我記憶中的還要精緻可口。搭配的希臘式炸馬鈴薯塊，無論用的香料及調味都相當不錯，吃得我們讚不絕口。

　　釀西洋茄子是土耳其名菜，但此餐館的釀茄子做了很大的創新與傳統的土耳其式大有不同。美國茄子外型如皮球，可以切成片片巴掌大的薄片。油煎過的兩片一公分厚巴掌大的茄子中夾著厚厚的雞粒飯，上面覆蓋炒香的洋蔥與紅椒，灑上西洋香菜。其實就像個茄子漢堡，放在薄薄一層番茄醬上。茄子燒得香軟夠味，雞肉飯的滋味亦佳，番茄醬濃淡酸甜適度，搭配起來非常好吃。

　　主食吃罷，我們雖已吃飽，但為了要試試他們的甜點，於是點了土耳其千層酥（Traditional baklava）。這種地中海式的甜點流行於希臘與土耳其，土耳其的吃法是配以奶油，希臘則要澆上蜂蜜。基本上土耳其式的沒有希臘式的死甜，至於搭配的那一杓奶油，愛吃則吃，不愛吃淺嘗即可。這裡的千層酥亦做得酥脆可口，甜度正好。Yelp上對這家餐館佳評如潮，看來果然名不虛傳。

參觀CIA

　　納帕的CIA，不是美國中央情報局，而是美國廚藝學校，全名是Culinary Institute of America。CIA是廚藝學校中的茱麗亞音樂學院，本校區在紐約，此所是納帕分校座落在納帕郡的聖海倫市，這家學院為餐飲界陪養出許多一流名廚。納帕谷米其林餐廳的密度在美國可說是首屈一指，提供了CIA畢業生非常方便的就業機會。

　　CIA的納帕校址，是原來的Greystone酒窖，所以這家分校的全名是
The Culinary Institute of America at Greystone。這棟龐大的義大利式
石頭城堡，建於1889年，是聯邦政府登記有案的歷史保留建築物。城堡
三層樓高，另加地下室，建坪十一萬七千平方英尺。酒商威廉玻爾二世
（William Bowers Bourn II）當年建此大樓的目的是為窖藏他自納帕谷收
購來的各款葡萄酒，以做日後批發零售之用。它曾是美國最大的酒窖，可
以儲藏三百五十萬加侖的葡萄酒。部分建築曾於1908年大地震時坍塌，修
復後幾度易主，直到1993年賣給CIA。

　　龐大的酒窖盤踞在一座小山丘頂上，氣勢甚是雄偉。拾級爬上山頂，
走入巍峨的大門，進入高大的玄關，裡面的布置古色古香，豪華中透著幽
雅。左手邊是書店，販賣禮品及學院出版的各類食譜。食譜以法國菜及法

| 1 | 2 | 3 |
| | 4 | 5 |

1　CIA 的雄偉大樓
2　CIA的實習廚房
3　CIA 的婚宴大廳
4　各式各樣的開瓶器
5　美麗的蛋糕模型

式烘焙為主，亦有日本料理，但沒有中國菜。西方人不喜圍桌分食，不學做中國菜亦是無可厚非。這也是東西文化各自不同，不必去強求融合。

我們參觀了教學廳，實習廚房，到甜品店買了巧克力。當年的酒窖猶在，如今是舉辦婚宴的大廳，兩旁仍保有成排的巨大橡木筒，供人緬懷昔日風光。二樓有小型博物館，陳列舊式酒杯酒具等，尤其是舊式的開瓶器，收集了好幾個廚窗，成千上萬個古怪樣式的開瓶器，非常可愛有趣。

一座櫃台上，陳列許多婚宴蛋糕模型，可供新人到此選擇結婚蛋糕的樣式。蛋糕的花樣色彩都漂亮極了，我彷彿看到了美麗的準新娘來選蛋糕時心花怒放的笑臉。

烹調是一種藝術，一盤食物要做得色香味俱全，非要有專業的訓練不可。能讓人滿足視覺與味覺上的享受，是最實際的行動藝術。大廚是餐館的靈魂，CIA能享譽世界，他的師質與設備都是不同凡響的。先生愛吃美食，走出CIA的大門，他竟然說今生不可能，願來世能來此做學生！我聽得只能莞爾。

品酒城堡酒莊（Castello di Amorosa）

一日時間有限，我們只能選擇一家酒莊品酒，我因為喜歡看建築藝術，逐選了Castello di Amorosa，這三個義大利文的英文意思是愛的城堡（Castle of Love）。因為這家酒莊建成一座中古世紀的義大利古堡，一般人就簡稱它為城堡酒莊。

城堡酒莊是納帕有名的釀酒家族第四代傳人Dario Sattui所建造。Sattui家族於1885年自義大利移民到納帕，釀造義大利風味葡萄酒至今。

1	
2	3
4	5

1　Castello di Amorosa
2　停車場旁的酒塔
3　舊式榨葡萄汁的器具
4　義大利城堡的中庭
5　古堡中的美麗花台

曾孫Dario大概流著強烈的義大利民族血液，立誓要建造一座十三世紀的義大利城堡。為了實現夢想，又為了吻合中古世紀的真實風貌，他親自去義大利採購建材，專找手工打造的古老式樣材料，甚至有從七八百年歷史的舊建築上拆下的材料，務必建造成一座貨真價實的古堡。他從歐州運來了兩百個貨櫃的建材，輔以八千噸就地取材的手工石磚，從構想到完成前後費時三十年，終於於2007年開始對外開放。

城堡建坪十二萬一千平方英尺，格局完全仿照中古世紀的托斯卡尼（Tuscany）堡壘風格，地上四層地下四層共八層。一百零七個房間形式各異，有騎士房間、監獄及刑房。城堡建有五座瞭望塔，還有從義大利買來的兩千磅手工打造的大門，亦有護城河、升降式護城吊橋，似乎真要用兵打仗保家衛國似的。

停車場旁是一排高大的酒塔，莊主擁有一百七十一畝的葡萄園，自種自摘自釀。爬上義大利式的古老磚造樓梯，就是古堡的後院。遊客從後門，買票入城，走進後門但見天井中陳列著舊式的手工榨葡萄汁器具，遊客們爭相拍照。第一間房間是釀酒過程展示廳，隔壁是義大利土產店，再過去是釀酒影片放映廳。再往前走是一間天主教堂，牆上畫有多幅宗教故事的壁畫，儼然義大利小教堂。

走到中庭，真恍如置身在托斯卡尼，美麗的花台、拱型的門洞、幽邃的長廊，一派羅馬古風，還有座古典的半拱形橋梯通到二樓。

品酒室都在地下室，雖然有許多處品酒吧台，但處處人滿為患。我只好四處閒逛，地下室亦有多處禮品店，擺設布置都是中古世紀的風味，大有看頭。逛累了回到吧台，仍然找不到可以擠進去的一點空隙，差點想要放棄，但門票是包括品酒費的，想想可惜，便擠進人牆去申訴，告訴酒保我已等了很久，能讓我品酒嗎？酒保見我可憐，遂要大家擠出一個隙縫，

讓我跟老公能勉強側身吧台前。酒客實在太多，品一款要等上半天時間，還好吧台上供應義大利棍子餅乾，此時肚子亦開始感到飢餓，逐抓幾條餅乾邊吃邊等。

　　品過幾款白酒紅酒後，並品不出特殊風味。或許，義大利風味的酒生產在加州，已同化成加州酒。說來他們的每款酒都不難喝，但並沒有那一款讓我特別驚豔。城堡中不走回頭路，順著指標，從正門走出城堡，走過護城吊橋就離開古堡了。堡外遍植橄欖樹，城堡四週皆是葡萄園，亦是托斯卡尼情調。天色已近黃昏，四週亮起了路燈，昏暗暮色中，古堡越發地古韻盎然。進出一趟古堡，彷彿穿越了一回中古世紀的義大利，確實非常有趣味，品過什麼酒味道已在我味蕾上消失，好玩最重要，誰在乎是那一種風味的酒呢！

——原載《品雜誌》，2016年10月。

TARLA

1480 1st St, Napa, CA 94559

Culinary Institute of America

2555 Main St, St Helena, CA 94574

Castello di Amorosa

4045 St Helena Hwy, Calistoga, CA 94515

輯二

喝

在灣區

浪漫品酒趣

葡萄美酒夜光杯，欲飲琵琶馬上催
醉臥沙場君莫笑，古來征戰幾人回

　　每喝葡萄酒就免不了想起唐朝詩人王瀚作的這首涼州詞。我國本不是出產葡萄的國家，傳統上也不用葡萄釀酒。最早種植葡萄的西域也是經由絲路從西方將葡萄引進來的。盛唐時代，長安市上經貿繁榮，胡洋夷狄各族人種都在那經商，據說胡姬酒肆中有高昌國釀造的葡萄酒賣。所以唐朝的中國人就知道飲葡萄酒，而且配上美麗的夜光杯。與今日喝葡萄酒用形如鬱金香的玻璃高腳酒杯，或有異曲同功之妙吧！

　　品葡萄酒在當下已成風尚，而所謂品，自然要細細品嚐，慢慢飲來，那是急不得的。然而遠在唐朝之時，葡萄酒當然是希奇之物，好不容易有一杯美酒當前正要細品，那邊廂卻是琵琶馬上催，那該是如何的煞風景，更何況是催上沙場，想到古來征戰幾人回，那真是情何以堪。唐代已遠，如今我住在酒莊處處的加州，想喝葡萄酒，垂手可得，比起古人來實在幸運得多。

　　提到品酒，以往多要去舊金山以北的納帕酒鄉。近幾年加州酒莊越開越多，就連矽谷近郊的聖塔克魯茲山（Santa Cruz Mountains）上，大小酒莊就有五、六十家，開放品酒的也有二十幾家。想要品酒隨時抽個空，

近則開上十幾分鐘，稍遠的頂多一個鐘頭的車程也到得了。想要學品酒，也不難，一般品酒室裡多有義工，會教你基本的品酒方法。

　　以往我並不喜歡喝葡萄酒，那是三十多年前搭機來美時，在飛機上結下的惡感。那時飛機上的乘客多半是初次離家的留學生，大家即將做天涯淪落人，相逢自是何必曾相識。藉著當年華航機上供應葡萄酒，基於好玩心理，叫杯酒把盞互祝前程，當我們大口喝下時，沒有一個人不張口結舌愕然皺眉大呼難喝的，調皮者怒罵之為馬尿。白葡萄酒試過換紅葡萄酒，統統又酸又澀難喝到不行。從此拒喝葡萄酒，甚至搬到加州後，雖久聞納帕酒鄉的盛名，我亦提不起興趣去品酒。直到父母移民來美，帶他們到酒鄉觀光，才又再嘗葡萄酒，而那滋味仍然是不敢恭維。我曾暗想葡萄汁那麼好喝，何必要去受罪喝葡萄酒呢？

　　也不知從什麼時候開始，那紅葡萄酒的美名漫天飛舞到處傳揚得沸沸騰騰，以我這學食品營養之人的眼光看來，那些什麼抗癌、降血壓、溶血脂的功能，都應該是有待進一步的驗證才對。然而傳言的威力，不容小覷，很快的在親友們的聚餐會上，葡萄酒成了不可或缺之飲料。而且提起葡萄酒來似乎人人都很熱愛，談起不同的品種品牌之特色，大家都能講出一套理論。為人不順應潮流追求時尚，似乎有些不近情裡，於是我也學起喝葡萄酒來，這才發現隨著時代的進步，葡萄酒的味道早已不是當年的馬尿，尤其是加州葡萄酒的聲譽日隆，在國際間屢獲大獎，價格反而越來越公道，品酒在今日的確是一種享受！

　　老美凡事都講求方法，品酒也不例外，講求望、聞、嘗（look, smell and taste）。我初次聽到時，馬上想到中醫師看病的望、聞、問、切。所謂品酒不等於診斷酒的好壞嗎？看來東西文化確有不謀而合之處。

　　數年前看過一部金獎名片叫《尋找新方向》（Sideways），電影中

1	矽谷山上的酒莊可俯瞰矽谷全景
2	葡萄園中結實累累
3	和藹可親的斟酒小姐
4	葡萄架下

有一幕兩對男女主角坐在山坡上的葡萄園中把酒看夕陽的鏡頭，當時看了羨慕不已，因此興起了去尋訪酒莊的念頭。平日在電腦前坐多了，我們夫妻倆多半利用週末去爬山，同樣的山路走久了終覺無趣，而附近的酒莊多半都隱在群山環抱之中。幾十畝的葡萄園繞一圈下來，也達到了登山健行的效果。有的酒莊建在山巔，坐在廊前品酒還可俯瞰整個矽谷。那把酒臨風，一眼看盡矽谷的豪情，真能暫時得意忘形一番。

　　開始學品酒後才知葡萄的品種繁多，白綠紅紫數十種，酒的名稱原來皆來自於葡萄原產地的品種名稱。此地的酒莊多半有自己的葡萄園，離我家不過十五分鐘車程的一家酒莊，二十八畝地分成五個區域，種植五種不

同品種的葡萄，有釀白酒的夏多尼與維歐尼；釀紅酒的品麗珠、赤霞珠與席拉。入夏以後，美麗的綠色掌狀單葉，攀枝繞藤，譜出滿山的青翠，入秋後那一串串的葡萄掛滿老藤綠葉間，有的山坡上是一大片的深紫鑲翠，有的是遍野的玉珠垂碧。手拿一杯紅酒在葡萄園中散步，那番心情真是再浪漫不過。秋收以後，北風帶來寒冬，葡萄葉枯乾落盡，只剩下一株枯藤，等來年春暖花開時，葡萄藤又會綻開新綠，開始另一番輪迴。

　　酒莊裡斟酒的員工也多是金髮美女，算得上是現代胡姬。她們笑靨如花，態度親切，不只長安市上的酒家裡「胡姬貌如花，當爐笑春風」，一千四百年後的今日，也能尋到同樣的風情。一杯飲完後可以再換另一種酒，一般多能品嚐五到七、八種酒。那白葡萄酒倒入玻璃杯中是白中透著晶亮的淡黃，搖晃起來光影交錯，讓人感覺起幾分迷濛，絕對當得起「加州美酒鬱金香，玻璃杯中琥珀光」；那紅葡萄酒，淺紅的如雲霞，色深的晶瑩如紅寶石，搖晃聞香之際真是如夢似幻美不可言。難怪喝前要好好的觀賞，那酒液經過搖晃之後，濃郁醇厚的酒香四溢，叫人未嚐先沉醉，飲下時還不能快，得要含在口中讓整個口腔及舌頭都能感覺到它的滋味後再慢慢吞下，這才叫品。我是個視覺嗅覺都靈敏的人，卻偏偏味覺不靈光。所以我覺得葡萄酒看著真賞心悅目，聞則心曠神怡，喝了只要清滑帶甜的就好，品來品去至今弄不清貴與賤的葡萄酒有什麼區別。

　　人世間各人的喜好不同，喝到自己喜歡的口味應當就算是好酒吧。雖然我品評的技術並不高明，但我還是喜歡去品。或許只是去追求浪漫，去捕捉盛唐時代的風雅去學李白吟一回：五陵年少金市東，銀鞍白馬度春風。落花踏盡遊何處，笑入胡姬酒肆中。

──原載《世界日報‧副刊》，2010年8月19日。

一本酒國護照，喝遍聖塔克魯茲山

　　整個南舊金山灣幾乎都在聖塔克魯茲山脈的屏障之下，北從半月灣，南到淇洛伊（Gilroy），它像一條綠色的龍，趴在南灣靠海一面的大地之上。這條山脈並不高，大多在一千五到兩千八百英呎之間。由於靠海近，溼度高，霧氣重，終年蓊鬱蒼翠。這條綠色的龍脈上，美麗的小山崗一座接著一座。許多小酒莊，如星羅棋布般的散落在各個小山崗上。目前大小酒莊有五十五家，據悉這個數字還在逐年增長中。矽谷人品酒，不必遠去納帕谷，只要開上三十五號或九號公路，就能找到如世外桃源般的酒莊。這些酒莊比起納帕谷的酒莊要小得多，但他們的商業氣息較不濃厚，侍酒師和藹可親，品酒的氣氛溫馨愉快。

　　這五十五家酒莊，互相合作並成立聖塔克魯茲山酒莊協會*，聯合出售一本酒國護照，*PASSPORT-WINERIES OF THE SANTA CRUZ MOUNTAINS*，只要是協會中的酒莊都有護照出售。一本護照僅售四十五元，期限是兩年，可以到每一座酒莊去品酒，去任何酒莊喝酒只要打開護照上它的那一頁，蓋一個章即可開始品嚐，算來每回品酒的費用不足一元。這些酒莊雖不大，卻各有各的特色，也各有各的私房酒。許多小酒莊的產品，多曾在國際比賽中得過獎，品質不輸名牌大酒廠。一些知名大酒

---

*　Santa Cruz Mountains Winegrowers Association.Website: WWW.SCMWA.COM

莊因產量高，品質控制上還未必有小酒莊精良呢！

　　每一季，聖塔克魯茲山脈會舉辦一次PASSPORT DAY。這一天，所有的酒莊都會裝潢得美輪美奐，並且準備許多搭配品酒的食物，供品酒客享用。平常週末去品酒，多半的酒莊是不準備任何食物的，少數的酒莊頂多準備一點蘇打餅乾。而護照日就不一樣，多數的酒莊都慎重其事，沙拉、橄欖、水果、核桃等堅果、麵包、餅乾、各色起司乳酪、塗麵包餅乾的Dips等，食物非常豐富。護照日是在1月、4月、7月及11月的第三個星期六，開放時間從早上十一點到下午五點。

　　買了酒國護照後，若想要物盡其用，就要把握每一個護照日。護照日前可以先上協會的網站去查詢，看這一季推薦的酒莊是那幾家。可以從

上圖　聖塔克魯茲山酒莊分部圖
下圖　酒國護照

左圖　護照日的豐富點心
右圖　品酒客盡情吃喝

它推薦的酒莊裡，選擇互相靠近的幾家去品酒。酒量好的一天可以品嚐五家，酒量差的品上三家就很可能不勝酒力了。一般酒莊大約提供四到七種葡萄酒供客人品嚐，每種酒倒的份量很少，大約一至兩大湯匙之間。喝上兩家酒莊，也不過約略喝下一般餐館中賣的一杯葡萄酒的量。

先生的好友Kevin不但很懂得品嚐葡萄酒，並學過釀酒，他家中有全套釀酒工具，甚至連橡木桶都有。他花了很多時間研究葡萄酒，品酒知識非常豐富。通常我們多是兩對夫婦一起去，一面慢慢細品，一面互相討論，分享自己的感覺與品嚐的心得。他們的酒量都不錯，只有我的酒量很差，品完一家就頭重腳輕，接下來就隨著他們一起去走走看看罷了，最多分老公的一口酒來嚐嚐。通常在護照日，人潮會比較多，有些品酒協會，往往在這一天包巴士上山品酒。為求安全起見，巴士司機不能喝半滴酒，而品酒客喝醉了也不必開車，儘可喝到不醉不歸。

懂得品酒的人，通常也懂得如何搭配食物。一般來說紅酒搭配紅肉，白酒搭配海鮮。但在酒莊品酒，只提供零食，那要如何搭配呢？侍酒師自有妙計，他們建議白酒搭配餅乾起司，紅酒搭配水果。一般品酒都是從白酒品起，因為白酒較圓潤，紅酒較濃重。由淡到重，好似倒吃甘蔗漸入佳境。另一原因是有些紅酒較酸或較澀，如從紅酒飲起，很可能一開始便倒足味口，而沒興趣繼續往下喝；所以從較清甜的白酒試起，讓人的味蕾慢慢適應，而對濃或澀能順其自然的接受。

某些酒莊並生產Dessert Wine，這種酒很甜，如果冒然喝下去可能會甜得不習慣。但你如果先吃一口巧克力糖，再去嚐甜酒，那感覺會有意外的驚喜。巧克力糖固然好吃，但吃多了總覺甜膩，吃少了或覺不過癮。若吃一小塊巧克力，當濃膩的甜味仍在口中時，去喝一口甜酒，這時不但不會覺得酒甜，反而會與巧克力結合出一股特殊的香味。此時既不再嫌巧克

力的膩，也不覺得酒太甜，那種感覺真是意想不到難以形容。所以食物與酒若能搭配適當，人的味蕾會生出奇妙的錯覺，更能領受品酒的樂趣。

　　許多朋友告訴我，酒就是酒，似乎很難分出好壞。以前我不懂品酒時，也抱同樣的想法，後來喝多了，漸漸地就感覺出優劣。所謂品，就跟品嚐、品質、品味等分不開。品嚐講究細細品、慢慢飲，品質就是要分出好壞。品味是自我的提升，喝酒能讓自己感覺很享受、很悠然、很瀟灑、很自在，品味自然就出來了。

　　當然品酒還是有方法的，當你拿到一杯葡萄酒在手，不能拿起就湊到嘴邊去喝，需依照，望、聞、嚐（look, smell and taste）三步驟，一步一步的來。法國人品葡萄酒把它當作一件藝術，不能大碗豪飲。當一杯葡萄酒在手先要望，就是先看它的色澤，不論是白酒的白或淡黃；紅酒的淡紅，深紅或棗紅；先好好欣賞葡萄酒的美麗色澤，享受它色澤的優雅，記住它美麗的色彩。聞葡萄酒時，先要搖晃，晃到酒在酒杯中大幅度的轉來轉去，讓它的氣味與空氣結合，再湊到酒杯口去聞它的氣味，你可能聞出葡萄味、草莓味、黑莓味、柑橘香、甚至紅棗或黑棗等各種果香。除了各種水果的味道，還可能有橡木桶的味道。釀葡萄的原料只有葡萄一種，而釀出來的酒卻混合多種的果香味，這就是葡萄酒的神祕之處。最後才品

| 1 | 2 | 3 |

1　起司餅干搭配白酒
2　水果搭配紅酒
3　各式Cheese

嚐，品嚐時自然不能牛飲，要一小口一小口的含在口腔中，去分辨它的味道，喝下去後嘗一口食物，讓食物與酒的餘香在口腔中結合，再感受一下是什麼滋味。這樣才能深深體驗到品酒的藝術趣味。

葡萄是落葉藤本植物，冬天樹葉落盡。經過一冬的休息，次年春天發芽開花結果，沐浴在夏天一季的陽光中，到秋天成熟後採摘。葡萄不喜肥沃的土壤，也不喜多雨的天氣。在葡萄成長的時期，日照非常種要，果實在日照之下一點一點地儲藏糖分，但在黑暗中，糖份會慢慢減少。夏天的白天比黑夜長，所以日夜消長下來，每天都能儲存一點糖份，經過整整的一季，葡萄才會達到理想的甜度。加州天氣乾燥，陽光充足，日照時間長，非常適於種葡萄。納帕谷、索諾馬縣、聖塔克魯茲山區，到聖塔芭芭拉，滿山遍野皆是葡萄園。這些產區的氣候與土壤對葡萄來說，真是得天獨厚，加州產的葡萄甜度好，釀出來的酒自然也好。

然而生長在山崗上的葡萄之品質，又比平地上的更好。以土壤來說，山上的土壤只有薄薄的一層土，泥土下面就是岩石。當葡萄要向下紮根時，遇到了岩石，葡萄樹為了求生存，不得不努力奮鬥與惡劣的環境抗爭，因此結出來的葡萄便與眾不同。以營養成分來說，岩石中的各種礦物質含量豐富，葡萄根與岩石大戰時，或多或少吸取了一些礦物質。以氣候來說，山頂上的葡萄白天曝曬在列日之下，晚上則浸潤在霧氣中；山上早晚溫差大，葡萄一天之內好似在洗三溫暖，如此又需跟環境做更多一重的搏鬥，長出來的葡萄，可真是千錘百鍊的極品。葡萄是美麗的水果，綠葡萄顆顆碧綠淡雅似串串玉珠。紫葡萄的紫豔晶瑩，好似串串寶石。葡萄的顏色美，那結實累累，一串串懸掛藤上的造型更美。葡萄的生長特性，似乎如人間勇士，對看不出喜怒哀樂的水果來說，好似神話一般。當初古人選用葡萄釀酒，真是慧眼獨具了。

　　聖塔克魯茲山區，有許多有名的酒莊。Cupertino的Ridge酒莊是聖塔克魯茲山區最負勝名的一家，它的蘇維濃紅酒特別有名。Saratoga的Mountain Winery與Savannah-Chanelle，Los Gatos的Testarossa與Loma Prieta，都是非常有名的酒莊。手持一本酒國護照，除了在護照日可以享受如嘉年華會的品酒氣氛外，來不及在護照日去喝的酒莊，自己可安排在尋常週末去漫遊。雖然非護照日時，酒莊不提供食物，但不妨自己帶上一點，就像出門野餐一樣，不是也其樂無窮嗎！

——原載《品雜誌》，2013年10月。

聖塔克魯茲山區品酒節

　　每年入夏，聖塔克魯茲山區會舉辦一個品酒節。今年參加這個節慶的酒莊共有三十六家之多。品酒節有別於護照日，所謂節自然帶有節慶的味道。在這個日子，參加節慶的酒莊，多半會刻意裝潢，讓自家的品酒室看來與平日不同。另外，許多酒莊，亦會請樂團來表演，請歌手來演唱，客人可隨音樂起舞，飲酒狂歡。

　　今年的品酒節，為了貪看矽谷郊區的美麗風景，老公特別選了一家位於Aptos山區裡的Windy Oaks酒莊。我邀約好友崇彬，與我們一起進山品酒。Aptos在聖塔克魯茲海灣的南方，離聖塔克魯茲市大約十四英哩左

右。從南舊金山灣走17號高速公路到聖塔克魯茲轉1號公路往南行，經過典雅秀麗的Aptos市區便開始上山。道路左旁的黑莓園正開著燦爛的淡粉紫色花朵，一串串的在風中搖曳。右邊是連綿不斷的蘋果園，尚未成熟的果子結實累累高掛枝頭。一路上看不盡的田園美景，在夏日的豔陽下顯得越發的嬌媚多姿，還未到達酒莊品酒，人已微醺在四周的無限風光中。

車子開始爬坡，田園風光轉成紅木森林，路越走越窄，黑森林中荒涼異常，我們正以為走錯路了，轉過一座山頭，眼前豁然開朗，一片碧綠的葡萄園橫在目前，Windy Oaks酒莊掩映於青松翠葉中。

Windy Oaks酒莊是家庭式經營的小型酒莊，莊主夏茲夫婦帶著一對成年的兒子打理二十畝的葡萄園，自家釀製獨家銷售，釀酒用的葡萄全部產於自家的葡萄園。Windy Oaks酒莊只釀造兩種酒：紅酒Pinot Noir（俗稱黑皮諾，發音皮那諾）及白酒Chardonnay（夏多尼）。夏茲夫婦自法國及澳洲引進不同品種的黑皮諾，加上釀製的年份與方法之不同，他們共出品九種不同風味的黑皮諾；但夏多尼則僅有一種。

老闆告訴我，黑皮諾是原產於法國柏根地（Burgundy）地區的葡萄品種，柏根地的黑皮諾享譽全球，是當地最有名的紅葡萄酒。它的味道不如紅酒之王蘇維濃（Cabernet Sauvignon）來得濃郁，在加州成天多半喝的是蘇維濃紅酒，偶而換種口味自有它的新鮮感。黑皮諾是一種紫黑色的葡萄，個頭比釀製蘇維濃紅酒的赤霞珠小得多。它怕熱，對不同土質的適應能力也差。由於黑皮諾的皮薄，要控制足夠的丹寧酸也不容易，所以它算是嬌弱也較難培養的一種葡萄。夏茲夫婦曾經久居於法國的柏根地，特別喜愛那兒的黑皮諾。回到美國後便選了這塊終年氣溫較低的山頭來精心培養黑皮諾葡萄，至今他們夫婦每年仍會去一趟法國，一方面切磋釀酒技術，另方面也將自家產品介紹給當地的酒商。

1	2	3
4	5	6

1 淡粉紫色的黑莓花
2 山谷中的葡萄園
3 山頂的野餐區
4 捕捉浪漫的品酒客
5 黑皮諾葡萄
6 Windy Oaks之酒窖

　　由於配合品酒節，Windy Oaks酒莊提供三種不同口味的黑皮諾及他們唯一的一種夏多尼供客人品嚐。除了酒，另備有法國香腸，五種不同的起司，多種餅乾，杏仁核桃紅莓等各色乾果。我們坐在露天的遮陽大傘下，一面喝酒，一面品嚐各種食物，享受著一個下午的閒情逸趣。

　　我個人比較喜歡味道稍甜口感清滑的酒，Windy Oaks酒莊出產的酒尚合我的口味。我特別喜歡他們的Terra Narro黑皮諾紅酒，紅豔如薄絲的葡萄酒，飄著濃香的酒氣，酒味較淡，還帶著一股紅莓香，正合我這種怕酸怕澀也不喜歡太濃的木桶味道的人之口味。他們的夏多尼倒比市面上賣

的一般白酒好喝得多，口感又清又滑還帶有脆甜的柑橘香。

二十畝地的葡萄園依山面海，風景優美。十八畝種植黑皮諾葡萄，一畝地種植夏多尼，其餘的地則蓋了莊園及小酒廠。我們托著酒杯，漫步葡萄園園中，順著山坡路，爬上了山頂，極目望去，一眼就看到了大海。三人興奮的碰杯喝酒，我們坐到大樹下的野餐桌，一本正經的品嚐起來。遵照品酒的三部曲，先將酒在杯中大大的搖晃幾下，然後湊近酒杯聞香，等盡情的感受它的香味後，最後再優雅的慢慢喝下以達到真正細品慢嘗的目的。

其實我們遠道前來品酒，酒的好壞原不在我們的期望之中，何況天下事物的好壞與取捨完全因人而異。真正的目的本來就是玩賞風景，到大自然中浸潤一番。意外的發現此地三面環山一面濱海，居高臨下有如世外桃源，而我們捕捉到了有如金獎名片《尋找新方向》（Sideways，中譯：杯酒人生）一般的浪漫情懷。

——原載《品雜誌》，2010年9月。

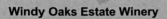

Windy Oaks Estate Winery

380 Sweetwood Way, Corralitos, CA 95076
Ph | 831-786-9463
品酒節因備有點心食品，所以費用比平時稍貴。

Cupertino山崗品酒

　　一般人只知道蘋果公司的總部在Cupertino，Cupertino的學區遠近馳名，卻鮮有人知道她的酒莊也非常有名。

　　從Cupertino西邊的Monte Vista區往Monte Bello Ridge走，經過Stevens Creek水庫，再繼續往山上開。就會發現路旁漸漸出現一片片的葡萄園，從山下到山頂，前後有三座酒莊。第一家是Picchetti，第二家是Naumann，山頂上是Ridge。這三家酒莊都是聖塔克魯茲山酒莊協會的會員，Naumann需要預約或特殊日子才開，在此不作推薦。另兩家則在週末都開放品酒，而且Picchetti與Ridge都很有名，尤其是Ridge，堪稱聖塔克魯茲山上的珍珠。

高崗上的酒莊──Ridge Vineyards

　　Monte Bello Ridge與繁榮的Cupertino近在咫尺，卻是活生生的人間桃源。開上Monte Bello山路，兩旁大樹遮蔭，很幽邃，好似進入了深山。往Ridge的途中，一路上幾乎沒有住家。山路很窄，盤旋而上，只覺過了一山又一山，越爬越高。每回車開到半山，我都會感覺頭昏耳鳴，但幾分鐘後便慢慢地適應，等到達山頂後，反而沒事了。山上大約在海拔兩千五百英尺（750公尺）左右，實在算不上高，絕對不可能有什麼高原反

應。我估計只是某段路較陡，突然攀高，造成一時的不適應。

　　Ridge酒莊的環境非常好，一棟L型的木造建築，兩層樓的部分不開放給酒客，品酒室在一層樓挑高屋頂的部分。一株高大的合歡，樹上開滿了粉紅色毛絨絨的球型花朵，挺立在品酒室外。紅花綠葉之畔是酒莊的野餐區，八九張木桌木椅上有帆布篷遮蔭，許多人帶了食物在那兒野餐。野餐區旁是一順著山坡植滿花草的小花園，薰衣草、玫瑰、雛菊、虞美人及許多叫不出名字的花開滿了一山錦繡。爬上山坡，視野非常開闊，一眼先看到下面的小山丘上一片葡萄園包圍著兩棟小樓，多美的環境啊！不知是住家，還是酒廠？往前是一層比一層更矮的丘陵，再極目望去，整座矽谷皆在腳下。未到泰山，此地已有「一覽眾山小」的感覺。轉身回頭看，整座山頭都是葡萄園，八月天葡萄已經結實累累，一串串飽滿晶瑩的葡萄掛滿一樹。原來酒莊的後面，全是大片大片的葡萄園，在烈日下搖著滿山的青翠。

　　我第一次與先生來到這裡品酒時，就好似發現了世外桃源一般，非常喜歡。回來後便招兵買馬組織了一團品酒團再度上山。這天我們一行十二人，除了我們還有文可、慧娥與Linda四對夫婦，另有淑華、淑君、溫妮、彬彬等人。大家都帶了很多食物，餅乾、起司、麵包、各種Dips。淑華拎了只大籃子，她竟從裡面拿了一隻烤雞出來。大夥來到這裡都好喜歡這裡的環境，聽鳥語聞花香，俯瞰群山遠眺矽谷，大家忙著照相賞景，差一點忘了是為品酒而來。若非幾位男士提醒，眾姐妹站在高崗上欣賞風景，根本不想下來。等到大家回到品酒室付了錢開始喝酒，又再度的精神一振。這酒真比我們平常自大賣場花十幾元買來的酒要好喝多了。可惜一到五點，酒莊的員工便趕我們下山，原來打算在山上看日落的心願成空，只能怪我自己經驗不足了。

　　Ridge的生意不錯，我前後去過三次，每回品酒室裡都擠滿了人。他

1	2
3	4	5

1　Ridge酒莊
2　自Ridge往下望
3　Ridge之野餐區
4　Ridge的品酒室
5　山頂上的葡萄園

們品酒的價格分五元與十元，另有二十元的單一特酒。五元與十元系列，我都品嚐過。初次品五元系列，就覺它的酒都不錯。後來試十元系列，覺得果然更勝一籌。所謂二十元的特酒品嚐，是品嚐一款價值一百六十元的紅酒。十幾年前帶父母去納帕谷旅遊，先父買了一瓶百元紅酒。回家後，先母燒了拿手菜供大家配酒，我們喝來喝去也喝不出那瓶酒有什麼特殊之處。品酒多年，我發現四十元左右的一瓶酒，就已經很好了。該不該花二十元去喝幾口酒，也就見仁見智了。許多人品完後，會購買一款他們喜歡的酒回家享用，這也是品酒的最大目的。

　　早在1885年，Ridge的第一代主人，Osea Perrone醫生在Monte Bello Ridge山頂上買了一百八十畝的地，利用天然石灰岩層的特性種植葡萄，並在葡萄園旁蓋了酒廠。到了1940年，四位史丹佛大學畢業的工程師買了醫生葡萄園下面的廢棄果園種植葡萄，並開始生產蘇維濃紅酒（Cabernet

Sauvignon）。接著於1962生產夏多尼白酒（Chardonnay），於1964年開始生產金芬黛（Zinfandel）。1969年，同樣是史丹佛畢業的釀酒專家Paul Draper加入陣營，他們同時買下了Perrone醫生的產業，進而奠定了Ridge的基業。如今的Ridge可算是聖塔克魯茲山上首屈一指的酒莊，它出產的蘇維濃備受好評。

1991年Ridge在Sonoma也購買了大片的葡萄園，並且亦開闢了品酒室。這幾年又在San Luis Obispo（SLO）買了葡萄園。不過Sonoma與SLO出產的酒品質不如聖塔克魯茲山，相對的價格也較便宜。五元系列所品嚐的酒即來自Sonoma或SLO，十元系列所品的酒則大多出自聖塔克魯茲山。Ridge還出售價值千元以上的窖藏老酒，其他數百元以上的酒還有好幾款，當然昂貴的酒皆是產自聖塔克魯茲山，而且大多是陳年蘇維濃。

我品酒多年，也算小有心得。喝過它的Estate Chardonnay，一口下去確實驚豔。此酒異香撲鼻，味道多層次，順如絲綢，甜如甘醴，飲下肚後，舌根還感覺絲絲甜香。喝過這款酒，已經見識到Ridge的魅力了。

它出產的Zinfandel與Merlot也非常好，這兩款紅酒都很圓潤，都有各種莓果的味道，都有絲綢般的質感。我感覺前者香味較好，後者較醇厚，但都是好酒。至於它最出名的蘇維濃Estate Cabernet，我反倒沒那麼喜歡，它微酸微澀，喝來不如前面兩種紅酒爽口。或許下回再來，我會花二十元去品那價值一百六十元的酒。

孔雀酒莊——Picchetti Winery

第一次到Picchetti，看到滿園的孔雀，華冠翠羽，好美啊！那些孔雀一點也不懼怕人，有的在草地上走來走去，有的窩在草叢中休息。我止不

住的驚奇，此地離鬧市不遠，竟然有這麼多的野生孔雀，讓人不敢相信這裡仍在Cupertino市內。

　　Picchetti也是老牌酒莊，早在一八九〇年代就開始種葡萄釀酒。二十世紀初Picchetti的第一代主人，在附近山坡上開闢了廣大的葡萄園，人工採收，人工榨汁，甚至以手工裝瓶。當年就在酒莊的現址，工作人員看著美麗的孔雀，做著自己喜歡的釀酒工作。他們在Monte Bello山區獨領風騷五、六十年，直到五〇年代，酒莊開始入不敷出，撐到1963年，結果仍未逃出停止生產葡萄酒的命運。老東家關了酒廠，同時出售了大片的土地給中半島的Open Space District。

　　1998年Leslie Pantling女士買下了酒莊，租回老葡萄園，重新開創了今日的新局面。如今的Picchetti出產氣泡酒，及多款白葡萄酒；及玫瑰、金芬黛、蘇維濃等紅酒。它的白酒Viognier及Chardonnay都非常好喝。紅酒也都不錯，喜歡清淡的喝玫瑰（ROSE），喜歡濃郁的喝蘇維濃，任君選擇。品酒的費用十元，如看上那一款酒想要購買，會退回五元以抵酒資。

　　酒莊托斯卡尼風格的建築，古雅樸素。紅磚房裡，有品酒吧檯，禮品店，到處插著孔雀羽毛做裝飾。室內品酒區經常請歌唱家到現場彈唱，氣氛輕鬆浪漫，坐在那品酒自然就閒適愉悅。

　　Picchetti的野餐區非常寬廣，離品酒室有好一段距離，野餐品酒似乎是兩個世界。那裡樹多，桌椅上方幾乎都有大樹檔太陽，一排桌椅外是大片的草坪。攜家帶眷到那野餐的人很多，大人們把酒言歡，孩子們喝果汁在草地上翻筋斗。美麗的孔雀大搖大擺的在樹林裡走來走去。

　　酒莊後面有條登山步道，吃飽喝足後正好去登山健行以消耗能量。沿著登山道走約半英哩，有一小水塘，春天一池春水，裡面有許多蝌蚪游來游去。夏天塘水枯竭一滴水也沒有，湖底長出一片青草，估計此時蝌蚪

1	2	3
4	5	6

1　孔雀酒莊之野生孔雀
2　孔雀酒莊
3　孔雀酒莊生產的酒
4　孔雀酒莊內品酒客
5　孔雀酒莊之野餐區
6　孔雀酒莊後的登山道

Ridge Vineyards

17100 MonteBello Rd, Cupertino, CA 95014
Ph | (408) 867-3233

Picchetti Winery

13100 Montebello Road, Cupertino,
CA 95014
Ph | (408) 741-1310

已長成青蛙，不知跳往何處？只是旁邊依然立著，「No swimming, No fishing」的牌子，就是白癡到此，沒有水也無從游泳啊！此時這塊牌子不知是向誰警告，看了不免令人發笑。

如果喜歡喝葡萄酒，利用週末到酒莊品酒，實在是很不錯的主意。若能呼朋引類，大家占幾張桌子，帶來各色美食，去品酒室繳錢，然後握杯酒到野餐區去吃吃喝喝，則更是人生快事。當然品酒的最大好處，是花不太昂貴的費用，可以品嚐好幾種酒。對不擅飲酒的人來說，更是實惠，每種酒淺嚐一點，體會一下，也算是一種學習吧！

——原載《品雜誌》，2014年4月。

品酒賞景——薩拉度加，浪漫有味

薩拉度加（Saratoga）是蘋果電腦所在地Cupertino的鄰城，在南邊靠山一帶。由於大半個城市都在山區，所以不乏小酒莊，其中有幾家非常有名。來到矽谷接觸完高科技，不妨到薩城走走，品酒賞景，領略小城週末的浪漫風情。

Mountain Winery露天劇場的歐式浪漫

從蘋果總部旁的De Anza大道往南開，經過薩拉度加市中心向山區開去，很快就能看到Mountain Winery的路標。順著路標上山，進入山區小路，再轉過一個灣，車子已行在山腰上，這時只見四面環山，腳下的山谷很深且布滿青松紅木，彷彿進入深山之中。開上山頂居然柳暗花明，那裡是一片廣袤的高原，它有可停百多輛車的寬大停車場，站在停車場邊緣，整座矽谷盡收眼底。感覺上很不可思議，明明翻過了幾座山，怎麼沒有翻出矽谷。仔細望去才知原來前面的山一座比一座矮，此地的山較高，是以一眼能望盡矽谷。

停車場左邊的山頭是漫山遍野的葡萄園，園中陳列著古老的釀酒工具。順著葡萄園往上走，小路兩旁遍植花草，玫瑰萱草薰衣草開得七彩爛漫。走沒多久即可遙見山頂上品酒區的露天酒座，而龐大壯麗的露天劇場

| 1 | 2 | 3 |
| 4 | 5 | 6 |

1　Mountain Winary葡萄園中俯瞰矽谷
2　Mountain Winary的入口
3　Mountain Winery的露天劇場
4　Mountain Winary露天品酒區
5　Savannah‧Chanelle酒莊的紅木品酒室
6　Savannah‧Chanelle後山上西班牙小樓

已出現在右手邊。劇場後面另有觀景台可眺望矽谷，往東可看到聖荷西市，往北可遙見舊金山灣，這裡的角度與停車場邊不同，卻有另一種看盡紅塵的震撼。

　　夏天晚上酒莊舉辦整季的音樂會，可購買晚餐與音樂會的套票，來此吃頓晚餐聽場音樂會過一個浪漫的夜晚，是矽谷新貴的時髦風尚。

　　我常帶遠道來訪的朋友到此遊玩，朋友來此無不驚豔。即使他們曾走過千山萬水，仍對此地的風景讚不絕口。它不只景觀迷人，露天劇場的羅馬風情，古老酒窖的西班牙風味，看得人心曠神馳。1900年，酒莊的第一代主人Paul Masson，買下它時就計劃將此地打造成「Vineyard in the Sky」，此地遠離塵囂，居高臨下，來到這裡醉翁之意已不在酒，不妨感受一下「何似在人間」的滋味。

Savannah・Chanelle古雅浪漫

離開Mt Winery，再往山裡走一段路就會碰到Congress Springs Road。開上紅木蔽日的山路，爬上高坡出了紅木林，突然眼睛一亮，四面環山的山谷中鳥語花香，一座古樸的紅木小築就是Savannah・Chanelle的品酒室。品酒室裡裝潢得古香古色，還有現場鋼琴演奏。這家酒的評鑑是四顆半星比Mountain的評價好，它生產的黑皮諾（Pinot Noir）格外醇美，廣受好評。每到此品酒，我們一定會選購一款黑皮諾，留待家宴時開出來分享親友。

我們拿著一杯酒走上後山，欣見一棟建於1923年的白色西班牙小樓，綠樹掩映，花團錦簇，好不幽雅。小樓左側有幾張大陽傘遮蔭的露天酒座，走到那才發現這裡也能從兩山的夾縫中望過重重小山俯瞰矽谷，雖然視野不太廣闊，卻有管中窺天的神祕感。小樓後面是大片的葡萄園，一直延伸到對山，青山翠谷滿眼是不同色度的綠。右側是野餐區，因樹蔭較多又有美麗的噴水池，許多人攜家帶眷在那兒野餐。大人們舉杯言歡，小孩在一旁野餐嬉戲，真是闔家歡樂的好地方。

Cinnabar Winery週末歌舞狂歡

小城產酒，所以她的Downtown商區也有好幾家品酒室，其中Cinnabar Winery的口碑不錯，它不但有露天酒座還有現場演唱。這一家的紅酒很有名，許多款都得過獎，不論是蘇維濃，梅洛或金粉黛都很好喝。

坐在露天酒座上，一面看街上來往的車輛行人，一面悠閒自在的品

左圖　Cinnabar露天酒座悠閒品酒
右圖　Cinnabar Winery露天酒座之歌舞狂歡

酒。演唱著雖不是大明星但唱得非常好，輕快的電子琴聲中，一首首懷舊老歌飄來，品酒客忘我的起身跳舞。一曲完畢回到座位上喝口酒，吃塊起司，等下一曲歌聲響起，再度盡情的跳。在這樣的環境中想不浪漫也難。

——原載《世界日報》，2014年5月4日。

Mountain Winery

14831 Pierce Road, Saratoga, CA 95070
www.mountainwinery.com

Savannah · Chanelle

23600 Congress Springs Road, Saratoga, CA 95070
www.savannahchanelle.com

Cinnabar Winery

14612 Big Basin Way, Saratoga, CA 95070
www.cinnabarwine.com

到Los Gatos品酒去

南灣的Los Gatos在聖荷西的西南邊之山麓上，離矽谷的科技區稍遠，是比較郊區的地段。Downtown商區的幾條街上不但餐館與商店林立，而且家家都很有特色，是南灣人逛街與品嚐美食的好去處。由於大半個城市都在聖塔克魯茲山區裡，因此她也是南灣擁有最多酒莊的城市。我前後去Los Gatos山區品嚐過許多家酒莊，有幾家環境幽美，擺設精緻，葡萄酒的評價也都在四顆星以上，令人難以忘懷回味不已。在此特將我喜歡的幾家酒莊，做簡單的介紹。

David Bruce Winery

這家酒莊在各種媒體的評鑑中，平均在四顆半星，口碑相當的好。它座落在兩千兩百英呎高的山崗上，四面環山，葡萄園綠滿山頭，風景綺麗。酒莊主人David Bruce於1950年選擇在這裡建造酒莊，主要是看上山上的氣候適於種植夏多尼（Chardonnay）與黑皮諾（Pinot Noir）葡萄。它生產的白酒夏多妮曾在1976的巴黎試酒會上大放異彩，它的成功，也讓加州的白酒一舉成名於法國。

David Bruce生產最多的是黑皮諾紅酒，它的黑皮諾在各種國際競賽中屢得大獎，金牌銀牌掛滿一身。黑皮諾分普通與Estate兩種，所謂

Estate就好似私房菜一般，一定選用聖塔克魯茲山上自種的上好葡萄釀造，次級葡萄或去別處買來的葡萄就釀造普通的黑皮諾，是以Estate的酒都比較貴。我很喜歡喝他們的黑皮諾，通常買兩瓶的價格較優惠，便與吾友Linda各分一瓶。

它另種植一種小葡萄，Petite Syrah，這種葡萄小，種植不易產量不多，是以釀出來的酒也較珍貴。它出產的Petite Syrah亦在許多國際酒會中得過金牌或銀牌獎。兩千零四年的Petite Syrah在舊金山國際品酒大賽中得到「Best of Class, Double Gold」的最高榮譽，這都是酒廠主人多年努力不懈的成果。

到這裡來品酒不但能喝到各種口味的名酒，酒莊四週的風景也很美，坐在紅色的遮陽大傘下握著一杯酒，遠望青翠的葡萄園，近賞花園中朵朵盛開的玫瑰，黃色的金盞菊，紫色的薰衣草，賞花品酒，呼吸山中的新鮮空氣，想不開心都難。有空去那裡走走，真能讓自己身心放鬆，過一小段浪漫時光。

上圖　David Bruce
下圖　David Bruce品酒室外
　　　景色宜人

Loma Prieta Winery

　　來到Loma Prieta，想要不驚豔也難。從危陡狹窄的山路開上山，到了山上豁然開朗，除了漫山的葡萄園，前面出現一西班牙式的豪宅，不遠處又有另一高大的橘紅色歐式建築。不但建築物美觀，滿園奇花異草花開爛漫，玫瑰花一叢叢豔麗非凡，整個環境非常乾淨整潔，給人一種典雅靈秀之感。

　　站在葡萄園畔，遠遠望去，層層疊疊的青山之外，竟然看得到一抹淡藍色的海灣。站在這裡，眼界突然寬了，能夠看得這麼遠，這麼廣。莊主說，我們看到的海灣是蒙特利海灣（Monterey Bay）呢！

　　沿著橘紅色的高牆往前走，轉過牆角是一廣大的陽台，也就是酒莊的露天酒座。陽台右下方，竟然還有一鋪著人造草坪的迷你球場，供遊客踢球玩球。陽台下是山谷，陽台邊上一座雕琢美麗的噴水池，陽台上幾十枝黃色大傘下竟然都坐滿了酒客。高牆那頭非常安靜，真看不出幾十步之外竟然這般熱鬧。在這裡品酒真是享受，這麼開闊的視野，這麼美麗的風景，層巒疊嶂外是大海，美好的大自然，讓人不敢相信我們還在Los Gatos。

　　此處生產的黑皮諾得過多項比賽的金牌，梅洛（Merlot）也得過金牌獎。它的夏多尼，評價也不錯。它另有一款私房酒，Pinotage，特別有名，去年與今年參加比賽皆得到金牌獎，這種酒的香氣特別，香甜如黑莓派，刺鼻如洋蔥，聞起來氣味多重，喝起來似紅棗似黑莓，也有多層次的味道，果然名不虛傳。網上對這家酒莊的評鑑非常好，接近五顆星，評鑑者對它的景觀尤其讚賞不已。的確，到納帕谷品酒，那能有這般極目千里，天寬地闊的景觀。

1	2	3

4

1 Loma Prieta的葡萄園畔可
　遠遠看見海灣
2 Loma Prieta的品酒區
3 Loma Prieta的酒得獎無數
4 Loma Prieta美麗環境

我隨夫品酒多年，雖也能嚐出一點門道來。但我每回上山品酒，賞景休閒的享受都大過於喝酒。當然喝點酒，吃點食物，無可厚非的會給旅遊加分。何況品一回酒，花費並不高。尤其是在護照日，酒莊都會準備配酒小食，吃吃喝喝，非常愜意。佩服酒莊主人的眼光獨到，選了這樣一塊寶地建造酒莊，讓我們可以飽覽群山遠眺海灣，好似人在雲端上，恍如過了一個下午愉快的神仙生活。

Testarossa Winery

Testarossa酒莊離Los Gatos市中心很近，由十七號高速公路上從Los Gatos大道出來，只要開幾分鐘就能爬上山坡看到小山崗上雄偉的建築物。這家酒莊非常大，好似一座古堡。它有設計美麗的廣大庭院，依山而造的階梯，可以拾級而上走到酒莊，階梯兩旁植有許多大樹，非常蔭涼。庭園中花草繁多，一片錦繡，還有一座用多個酒桶設計的流泉，泉水像酒一樣自桶中流出一層層往下瀉，至為別緻。

　　先生的大學同學，我們喊他二寶是酒莊的會員，每季可以免費帶四人去品酒，逐邀我們與Kevin、Linda夫婦同往。初夏天氣，矽谷陽光燦爛，天氣暖和，我們一行六人來到Testarossa。走進森嚴的洞門，穿過長長的像防空洞的長廊，洞兩旁的牆上貼滿了酒莊的歷史照片，黑白照片，勾起人懷舊之心。

　　進入品酒室，我突然感到十分興奮，喝遍聖塔克魯茲山，第一次見到這麼大的品酒室。室中有兩條很長的櫃台呈L型設計以供侍酒師倒酒，侍酒師有許多位，服務都很殷勤。我們碰到一位從臺灣來的女侍酒師，她和藹可親，一面斟酒，一面為我們解說。依著她的指導去聞，去品去感覺，好像每一款酒都有它的特色。

| 1 | 2 | 3 |
| 4 | 5 | 6 |

1　Testarossa美麗花園
2　Testarossa酒莊的洞門
3　Testarossa品酒室
4　Testarossa華人女侍酒師
5　Testarossa餐點區
6　快樂品酒團於Testarosa Winery

　　酒莊生意興隆，品酒室中人頭攢動，大家談笑風生喝酒聊天，氣氛非常好。它亦以生產夏多尼與黑皮諾著名，平均評鑑四顆星半。四顆星以上的酒莊，我品過多家，自己也記不清那一家比較好。感覺上這家的酒很不錯，喝來亦都有順滑回甘之感。

　　除了品酒室，它還有好幾個宴會廳供結婚或公司團體開會用。品酒室外有一露天酒吧，除了供應酒，還供應十錦起司盤及各式火腿燻肉以供配酒用。這裡離高科技區不是太遠，品酒室每天開放，露天酒吧週三到週日皆營業。許多科技人在絞盡腦汁之後，喜歡就近找一羅曼蒂克的地方輕鬆一下，此地自然是很好的選擇之一。我們也感到非常幸運，只要開上十來分鐘的車，就可以來到這樣美麗的地方，品酒逛花園。又有一群好友相伴，互相分享心得，真是何其幸福啊！

——原載《品雜誌》，2014年7月。

David Bruce Winery

21439 Bear Creek Rd, Los Gatos, CA 95033, www.davidbrucewinery.com

Loma Prieta Winery

26985 Loma Prieta Way, Los Gatos, CA 95030, www.lomaprietawinery.com

Testarosa

300 College Ave., Los Gatos, CA95030, www.testarossa.com

太平洋之星酒莊——遺世獨立

　　到北加州的Mendocino County（發音：夢都西諾）避暑，在當地的旅遊指南上，看到一家座落在海邊斷層上的酒莊——Pacific Star Winery。這座酒莊不但是全加州唯一緊臨太平洋的酒莊，而且酒莊的底下有一條地震斷層。它並出產一款由希拉（Syrah）與佳麗釀（Carignane）葡萄混合釀製的紅葡萄酒叫作「It's My Fault」，乍看之下還以為此酒名為「我的錯」，實際的意思是「我的斷層」。出於好奇，我們決定到Pacific Star（太平洋之星）酒莊，去品嚐我的斷層。

　　酒莊在夢都西諾郡北部的小城Fort Bragg以北十二英哩的一號公路上。出了Fort Bragg，一路荒無人煙。北加州的海岸多是岩岸，一號公路依山面海，開鑿在山崖上，道路頗為險峻，相對的風景很有特色。山腰上的道路彎曲險峻，車速很慢。開了半小時，出了山道，眼前豁然開朗，出現一大片荒蕪的平地，迎面看到了酒莊的大招牌。路旁高聳的旗桿上插了多面彩色旗幟，卻沒有任何建築物，仔細尋找，才遙遙望見荒原盡頭的木造小樓。開入未鋪柏油的產業小路，頓時塵沙漫天四起，竟恍然進入了沙漠。小路兩旁是半沙漠的地貌，生長著矮矮的樹叢與稀疏的野草，真是到了化外之地。小路高低起伏，轉過一開滿金罌粟花的小丘，終於停在了酒莊前。莊前竟然有許多身穿禮服的男女，人手一杯酒往酒莊的坡下走去。原來坡下有塊畝許大的平地，那裡排了許多白色椅子，搭了許多白色帳

1	2
3	4

1 Pacific Star Winery
2 酒莊的坡下正在準備婚禮
3 酒莊旁驚濤拍岸
4 煙雲中時隱時現的山巒

蓬,有對新人在那裡舉行婚禮。

　　酒莊內到處懸掛彩色琉璃星星,以對應它太平洋之星的名號。品酒室不大,但布置得溫馨熱鬧。品酒的價格非常便宜,五塊錢可以品賞它所有的產品,亦即是七種葡萄酒,「我的斷層」自然包括在內。我們一行人,因出門旅行,原本就帶有零食點心,手持酒杯走到它的野餐區,一面吃喝一面賞景。北加州的海岸多半霧氣很重,此地的海面也不例外,在濃霧籠罩之下一片灰灰濛濛。但浪濤很大,一波波的打來驚濤拍岸,浪花如急雨,濤聲此起彼落。不一會兒,濃霧竟然漸漸散開,海灣那一頭露出一抹山頂,幾許斷崖。煙雲變化很快,山巒時隱時現,恍如幻境。

5	6	7

5 Pacific Star出產的各款葡萄酒
6 酒莊內到處懸掛星星,莎莉向客人介紹酒
7 酒莊外擺滿酒桶及釀酒工具

　　七種酒一一品嚐過，每種酒都不壞而且價格尚稱公道。我們偏愛它的金芬黛酒，便回到酒莊買酒，與女侍酒師莎莉聊天，才知她就是老闆。她於四十年前開始在納帕谷學習釀酒，也曾在那邊開過一家酒莊。1978年決定回到她的家鄉來創業，因為喜歡海，選擇將酒莊蓋在海邊。她不種葡萄，而是對外採購。她自己評估挑選優良品質的葡萄做採買的對象，她說她的度假方式就是去加州各地的葡萄產區買葡萄。

　　兩層樓的酒莊，樓下是品酒室與儲藏室。樓上是她與員工的宿舍。所有的釀酒工作都在這裡進行，釀酒所需的工具就排列在酒莊外的廣場上。葡萄買來後，榨汁、過濾、釀造，再灌入橡木桶中發酵。發酵中的橡木桶都排在酒莊側面，任其風吹雨打太陽曬。海邊的風雨雲霧帶有鹹味，落在木桶上會使葡萄酒產生一種獨特的風味，這是她的獨門祕笈。最後，再租用活動生產線來裝瓶打木栓貼標籤，做最後的包裝。莎莉認為「Making wine is an expression of passion, not a job...」（釀酒是抒發她的熱情愛好，不是工作）為了理想，她選擇了遠離塵囂。

　　2006年，政府堪察人員在她的酒莊下發現了地震斷層。莎莉毅然決定不搬家，還把她生產的主要紅酒改名「我的斷層」來自我幽默，公然與自然界一賭生死。很佩服她的勇氣與執著。我們離去時，濃霧再起，酒旗自在的隨風飄盪，我衷心的希望斷層不要蠢動，地震永遠不會發生在這遺世獨立的小酒莊上。

——原載《世界日報》，2013年10月13日。

Pacific Star Winery

33000 California 1Fort Bragg, CA 95437
Ph | (707) 964-1155

品酒賞花、享受藝術

　　舊金山北部的索諾馬縣是與納帕谷齊名的酒鄉，那裡滿山遍野都是葡萄園，星羅棋布著許多有特色的酒莊。索郡的人潮沒有納帕多，到那裡品酒，相對起來較悠閒自在。矽谷人在競爭激烈的高科技崗位上，往往承受很大的工作壓力。週末找一處風景秀麗，環境幽雅的地方散散步，品品酒，未嘗不是減壓的好方法。

　　其實葡萄酒喝來喝去都差不多，找酒莊品酒，我更在意它周遭環境有無可看的風景。去過索郡多次，也造訪過不少酒莊，我特別喜歡索郡聖塔羅莎（Santa Rosa）的Matanzas Creek Winery。這家酒莊除了釀酒，還兼種薰衣草的副業，生產薰衣草精及添加香精的各色產品。好友王正中教授夫婦是酒莊的會員，邀我們與舍妹前往品酒。除了我們王教授亦邀請好友崇彬、玉梅與石賡先生（大家都喊他石公子），一行八人浩浩蕩蕩地前往。平常就很喜歡薰衣草，喜歡它的味道，希歡它迷情般的淡淡紫色，現下親朋好友要一起賞花品酒，感覺格外愉悅。

　　這家酒莊的品酒室座落在山坡上，掩映於老樹槎枒中。遠看不過是座木造小屋，走進去後才發現它頗為寬敞。酒客絡繹不絕，生意不錯。他們在Yelp上的評鑑是四顆半星，口碑相當好。它生產多款白酒紅酒，也生產甜酒，至少有十二種以上不同種類的葡萄酒。我個人比較喜歡它的夏多尼（Chardonnay）白酒及黑皮諾（Pinot Noir）紅酒，前者顏色淡金聞之有

柑橘與瓜果的香氣，喝來滑潤甘美。後者酒色棗紅飄著一股黑莓與櫻桃的混雜香氣，喝來也有莓果味，濃郁中不失清爽。至於其他的梅洛、蘇維濃等，對我來說稍嫌濃澀，喝來只覺一般罷了。

　　木屋的後半部是藝廊，我們去時正在展覽琉璃藝品。藝廊的範圍不算小，展出的作品琳瑯滿目各式各樣非常好看，有掛在牆上的玻璃抽象畫，有擺在展覽桌上的盤子、花盆、花瓶等各種器皿。晶瑩剔透的彩色玻璃本

來就很討人喜歡，我向來也愛欣賞琉璃藝
品，喜歡看那鮮艷的色彩變化，喜歡它那透
明或半透明光滑細膩的質地。手握葡萄美酒
一杯，閒閒地欣賞那些七彩斑斕的琉璃藝術
品，感覺心靈與視覺上，都得到很高度的享
受。法國人把品酒當作藝術，拿藝術品來當
下酒菜，喝起酒來，別有一番浪漫情懷。品
酒室兼作藝廊，讓旅客除了品酒還能順便欣
賞藝術品，倒不失為一椿智舉。

　　酒吧檯後面有一幅巨大的薰衣草園圖
片，湛藍的天空裡一輪紅日落在山頭，染紅
了半天雲彩，照得薰衣草園一片金光，紫色
的薰衣草與落霞交織出明暗紅紫的多元色
彩，這應當就是這座園子黃昏時的寫照。每
喝完一款酒時，到吧檯等侍酒師斟酒，我都
順便看看這幅圖片，想像黃昏時在這園中看
落日，那定是夕陽無限好，不知該有多開心
了。品酒室中的擺設也很幽雅，尤其到處以
乾燥的薰衣草做裝飾品，一束束細碎的紫
花，飄著淡淡的薰香，正是酒不醉人人自
醉，在這裡閒憩，心情放鬆的閒適更勝於品
酒的樂趣。

上圖　薰衣草園及野餐區
下圖　美麗夢幻的薰衣草

　　出了品酒室再往山坡下走，是無盡無邊的薰衣草園。一片紫色世界裡，蜂繞蝶舞，場景是意想不到的美麗。以前只有在迪士尼的動畫影片裡才看到過如此色彩豐富的的景致。來到這裡，才知薰衣草的品種不只一種，有的花序較粗大，有的較細小，有的顏色較深，有的較淡。山坡上是濃濃的綠，山下紫浪隨風起伏，在金色的陽光下深淺變化非常賞心悅目。園裡有很寬廣的產業道路，路邊置有長椅供人休息。花園邊緣散置橘紅色的遮陽大傘，供遊人飲酒野餐之用。野餐區旁種有雙色菊、紅色海芋等各種奇花異草，景色非常迷人。我們這群好友，平日都愛好文藝，也都能寫打油詩，若能自備午餐，在此野餐賞花，吟詩賦詞，亦可媲美紅樓夢裡的持螯賞菊。可惜今天事先並無準備，來得也晚了，無法久待。我遂對眾好友說下回再來時，一定要預先準備好豐盛餐點，帶上紙筆，大夥在這飲酒，吃飯並好好寫下幾首詩，消磨上一天才是道理。

　　薰衣草的香味有安神作用，在園中漫步聞花香，幾乎忘了我們是為品酒而來，也忘了塵世間的一切俗慮。

——原載《品雜誌》，2014年8月。

Matanzas Creek Winery

6097 Bennett Valley Road, Santa Rosa, CA 95404
www.matanzascreek.com

小酒莊的祕密——移動生產線

　　聖塔克魯茲山區（Santa Cruz Mountains）是加州新興的酒鄉，北從半月灣，南到沃森維爾（Watsonville）的一條山脈上，有六十餘家的小酒莊。這些酒莊確實說得上是小，除了一間品酒室，一間不超過一千平方呎放置幾台釀酒設備的釀酒室及一間冰涼的酒窖外，幾乎別無他物。不禁令人懷疑他們每年是如何裝瓶，如何塞上軟木栓，如何封裝，如何貼上標籤的呢？這幾年美國幾乎將所有的生產都外包，為了降低成本，把生產線送到墨西哥，送到中國或送到東南亞。但要把那些裝滿葡萄酒汁的橡木桶漂洋過海送出去外包，似乎不太划算！因此我心中一直存在著那些酒莊到底是如何生產裝瓶的迷團？

　　不久前我偶而上網查詢居處附近酒莊開放品酒的時間，意外發現位於薩拉度加（Saratoga）的Cooper-Garrod酒莊即將做一年一度僅為期兩天的裝瓶生產（Bottle Wine），並且開放參觀。我興沖沖地跑去參觀，決定要了解他們是怎麼把橡木桶中的葡萄酒裝進酒瓶裡的。

　　話說古柏嘉諾（Cooper-Garrod）酒莊成立於三十年前，提起他們的歷史要追溯到1893年，現在的莊園主人Jan Garrod的曾祖父買下了薩拉度加山上位於Mt. Eden Rd.的整個山頭一百多畝的大片果園，1941年喬治古柏（George Cooper）娶了嘉諾家的孫女（亦即Jan Garrod的姑姑）。1972年孫女婿喬治古柏自NASA的飛機駕駛員職位上退休，為了要排遣退

休生活竟然跑到法國去學習釀造葡萄酒。於是自1973年後，果園清理出二十八畝地，鏟除了原本種植的烏梅與杏樹改種葡萄。喬治古柏為了學釀酒遍訪法國的柏根地、波爾多及納帕酒鄉等地的諸大酒廠，費時二十年，終於在1994年生產了第一批葡萄酒。老人家用兩家的姓氏，命名酒莊，因此叫Cooper-Garrod。老先生如今已是九十五歲的高齡，依然健在。說來令人不可置信，一個人在接近耳順的退休之齡，不在家裡納福，竟千山萬水到處去學習釀酒，其精神毅力著實讓人敬佩。由他的故事，我得到一個啟示，有夢不在年高，縱然沒有人知道明天會怎樣，但想做什麼當下就要去做，等到自己伸腿瞪眼時，回首來時路就不會有什麼遺憾。

目前喬治古柏仍擔任酒莊的總經理，大兒子比爾古柏與妻子雙雙負責製造行銷，女兒芭芭拉掌管品酒室。至於姪子Jan Garrod除了負責葡萄園的栽植培養另兼顧騎馬場，騎馬場緊鄰酒場養有兩百頭馬。他們不但辦有騎馬學校教導少年兒童騎馬術，並且也開放觀光，遊客可以騎馬逛葡萄園及其餘的百畝果園。

二十八畝的葡萄園分成六個區域，種植六種不同品種的葡萄，五畝種釀白酒的夏多尼（Chardonnay）與兩畝的維歐尼（Viognier）；至於釀紅酒的有五畝的品麗珠（Cabernet Franc）、十一畝的赤霞珠（Cabernet Sauvignon）、四畝的席拉（Syrah）與一畝的梅洛（Merlot）。除了梅洛僅是用來作混酒之用，其他的五種酒均有產品出售。

他們生產的白酒維歐尼味道很不錯，聞起來有多種香味，嘗試起來很是脆滑有蜂蜜桃梨的香味，雖然產量不高但價錢合理，二十四美元一瓶，值得一試。另外他們2005年出的Cabernet Sauvignon也很不錯，顏色深紅如紅寶石，香氣濃郁，喝來醇厚香甜帶有櫻桃黑莓味，一瓶二十八美元也很合理。

1	2	3
4	5	6

1 Cooper-Garrod酒莊的品酒室
2 Cooper-Garrod酒莊的葡萄園
3 Cooper-Garrod的騎馬學校
4 卡車上的裝瓶生產線
5 自木桶中吸取葡萄酒
6 美麗的吊鐘花

　　我品過他們出產的五種酒後，就隨比爾古柏到酒廠後面的空地去參觀
瓶酒生產，只見那裡停了一輛十輪大卡車，我不由訝然，比爾古柏要我進卡
車去看看，他臉上露出詭譎之笑，一副進去自有分曉之態度。我爬上卡車，
只聽機器之聲轆轆作響，爬到車門口，赫然發現裡面真的是一條裝瓶生產
線。我回頭問比爾，卡車來自何處，他得意地說：「San Luis Obispo」。
原來這就是小酒莊的祕密，他們年產量不高，不需要設置生產線，所以每年
只租用活動生產線兩天，僅僅兩天就可生產三千箱酒（一箱十二瓶）。

　　卡車裡是一貫作業的自動生產線，一位員工將空酒瓶一個個的送入輸
送酒瓶的大圓盤形的輸送帶，透過機器自動注入酒液，再經過木栓機器打
下軟木栓，一男一女兩位工作人員在瓶口套上藍色錫箔套子再送入封裝機
封裝，最後由商標機自動貼上商標，一瓶包裝完美的葡萄酒便開始裝箱。
一位管理人員在生產線上來來回回檢查，如有疏失立即調整。輸送帶運送
之快，作業員動作之敏捷讓人看得目不暇接，無怪乎兩天之內可以裝三千
箱。我不禁要佩服這些生意人，生產者為了節省成本，可以把生產線租到

家裡來。做製造業的一方，可以開著一輛卡車帶著一組員工上門服務，甚至可以拖一輛廚廁齊全的旅行車充當大夥的活動旅館。看來只要肯動腦筋不怕煩不怕苦，奇奇怪怪的生意都能賺到錢。

　　看完了活動生產線，比爾又帶我看他們如何把酒從橡木桶中送入酒塔的運作程序，原來酒廠後廊下一字排開的五個似水塔般的圓形大吊塔即是酒塔，塔裡面裝有二氧化碳以避免葡萄酒氧化。他們用一條很長的塑膠管將酒自酒窖的木桶裡吸入酒塔中，再將酒塔上的活塞接上生產線機器上的皮管而將酒注入瓶中。酒窖中則有一位小姐看守，一桶吸完了立刻換另一桶。而不同品種的酒自然是用不同的酒塔。

　　人世間各行各業都有它的奧祕，所謂戲法人人會變，各有巧妙不同。能夠掌握個中巧妙者，自會邁向成功之路。

　　古柏嘉諾酒莊立於群山環抱之中，莊前古樹參天，山頭上是一排排的葡萄架。酒莊前面有一片野餐區，散置著幾張野餐桌椅，供品酒客野餐之用。野餐區花木扶疏，這時節美麗的吊鐘花正開得奼紫嫣紅。週末假日自備一些乳酪餅乾，來這裡喝酒賞花，酒足飯飽後可以就近去爬葡萄園。葡萄園雖然只有二十八畝，但整座農莊卻有一百二十幾畝，在此地登山健行不但有神清氣爽之感，更會生出許多浪漫情懷。

——原載《品雜誌》，2011年1月。

Cooper-Garrod

22645 Garrod Road Saratoga, CA 95070
Ph | （408）867-7116
MON-FRI 12:00-17:00　　SAT-SUN 11:00-17:00
有執照試酒師可解答客人品酒問題

來一回浪漫下午茶

　　父親愛喝茶，茶是他消憂解勞之物。父親半生從事著述，常看他捧著一杯茶，在家一面度方步，一面思考深奧的哲學裡論。我自幼有樣學樣，讀書讀煩了也學著父親捧上一杯茶來解悶，不知不覺的便與茶結下了不解之緣。

　　長久以來，我都覺得與朋友品茗清談乃人生一大樂事。偶而在週末或假日與朋友聚餐，山珍海味飽餐之後，大夥圍坐喝茶聊天時才達到真正的放鬆。尤其是在感恩節或聖誕節的餐後，窗外寒風呼嘯，而我們一碗熱茶在手，三五好友促膝談心，正合了「寒夜客來茶當酒」的詩意。

　　從小喝茶喝到大，不論是與友人喝中式下午茶、老人茶、看茶藝表演等，自然是不知經歷過多少，但我卻從未喝過英式下午茶，來一回浪漫下午茶也一直是我的心願。當我得知Santana Row有家精緻小店專賣英式下午茶時，就時時想去圓夢。趁著小女兒週六有活動，送走了小傢伙，我就拉著老公直驅Santana Row。

　　Santana Row，只有一條主街，三條小巷，在矽谷工業中心的邊緣上，是聖塔克拉拉市中心最美麗的一區商圈。嶄新的歐式風味樓宇，古典精緻。每條街旁都種滿了奇花異草，人在街上行，恍惚走在花園裡。精品店、名牌店，一家挨著一家，是矽谷購物逛街的天堂。街上亦多特色餐廳與咖啡甜品店，每家餐廳都有露天餐座，滿街洋溢著浪漫氣氛。著名的油電車Tesla在此有家展銷店面，展示多款流線行的新車。Tesla的車不但技

左圖 Santana Row
的露天餐廳座
右圖 Tesla展銷店

術先進，設計尤其新潮，非常值得參觀。來到此地，再緊張的心情，都會被四週的景物所化解。

　　初夏的Santana Row百花齊放，空氣中飄滿著玫瑰花香，走道上到處垂著或橘紅或紫紅色的吊鐘花。瓜葉菊花粉紅淺紫開得一畦又一畦，金黃的萱草花、五顏六色的金魚草，還有那些美麗的三色菫、飛燕草，真是看不盡的花團錦簇，在燦爛的加州陽光下已經讓人覺得心花隨著百花而開得無比舒坦了。

　　Lisa's Tea Treasures座落在1145號的Olsen街上，光看門面並看不出裡面是下午茶餐廳。茶餐廳的店面裡，兼賣復古衣物珠寶及古色古香的小飾品，另外也賣細緻精美的茶杯茶壺及各種茶具，走入店裡便好似走入時光隧道回到了十九世紀。經過店鋪，走入窄小的通道，才會看到店鋪後面一大一小的兩間飲茶室，來到茶室門口赫見裡面雅潔亮麗的布置，頓有「柳暗花明又一村」的豁然開朗之感。茶桌上鋪著印花蕾絲的白色桌布，桌上放著粉紅色印有玫瑰花樣的英國式之細瓷茶盤茶杯，高腳的玻璃水杯中是玫瑰紅的餐巾，所有的擺設透著古典優雅的浪漫。

| 1 | 2 | 3 |

1 細緻精美的茶具
2 雅致潔淨的茶餐室
3 茶桌之擺設

親切的女侍

親切的女侍者引領我們入座，隨及送上一瓷罐的生薑餅乾，及三盤小小的配茶點的果醬奶油及布丁佐料。我點了熱帶水果茶套餐，先生點了蜜桃草莓茶套餐，不一會女侍把茶送了上來。包了玫瑰紅色的保暖套之白瓷茶壺，我乍看之下，以為她送來了一個錦囊。女侍在我杯子上放置一只精緻的小濾網，優雅的倒起茶來，倒完茶再把小濾網架在茶壺旁的小鋼碗上，我這才搞清楚茶壺旁那小鋼碗的功用，真是十足的講究。我們各自啜口自己選的茶，異口同聲說「好香」。我們拿著生薑餅乾或沾果醬，或沾奶油，或沾布丁，覺得這種吃

1	2	3
4	5	6

1 佐配茶點的果醬奶油及布丁
2 包上保暖套的茶壺
3 水果茶
4 精緻的小三明治
5 精緻的西式酥皮茶點與水果
6 豐盛的下午茶點

法也頗為新奇。這生薑餅乾大約是正式茶點上來前的開胃小點，相當於正式西餐的開胃前菜。

　　沒多久，正式茶點便送了上來。配我水果茶的茶點是五樣不同口味的三明治：有海鮮沙拉、鮪魚沙拉、洋芋沙拉、雞蛋沙拉及小黃瓜沙拉；外加兩樣小甜點及水果。先生的茶點是各式各樣用酥皮做的點心加水果，酥皮點心有甜有鹹，樣子都很可愛。我們把每樣點心都切成兩半，互相交換著吃。先生是一個喜歡嘗試新鮮的人，好不好吃倒在其次，所以對常見的三明治並不怎麼欣賞。好在那些三明治看似普通，做得也還精緻，味道也不差，我仍然吃得很開心。酥皮點心，有的包菠菜起司、有的包乳酪，也有火腿起司，樣樣酥脆可口，先生吃得十分滿意。

　　這家茶餐廳環境幽雅，茶具餐具精緻美麗，來這裡喝茶的浪漫情懷要多過口腹之慾。吃著吃著，我們的心情越來越愉快，畢竟我們也嘗試過英式下午茶。先生常說，他最大的優點就是喜歡吃喝玩樂，我也承認這的確是一項優點，人生幾何，自當及時行樂。我們一面吃一面計劃下回邀些好朋友來一起開個浪漫茶會，大家可以好好的聊聊天，過一個輕鬆的下午。

　　走出Lisa's Tea Treasures，外面豔陽依舊，Santana Row上的人潮照常熙來攘往。我們環顧四周，不由滿足的相示而笑。我們也要感謝聖荷西市，修建了這麼一處美麗又熱鬧的地方讓我們來圓夢。

──原載《品雜誌》，2010年10月。

泡一杯好茶
——記美國茶文化學會的新春茶會

中國喝茶的人很多，深入的人很少。

——茶文化　林炯志

　　中國人喝茶的歷史悠久，往上可追溯到西漢時代，但直到唐代才大為盛行。如今喝茶一道在中國發展為茶藝，日本發展為茶道，韓國行成了茶禮。韓日兩國皆是學自中國，而他們在喝茶一道上的推廣，似乎比我國更過之而無不及。林炯志老師成立茶文化學會的宗旨，就是為了要推廣茶藝。

　　茶文化學會的新春茶會，已停辦了三年，今年終於又再開辦。以前我每年都去喝茶，停辦的這幾年，非常懷念茶會的茶香與茶點。聽茶文化會長宋貞女士說今年要重辦新春茶會，我立刻訂了多張票呼朋引伴去喝茶。

　　歷年的茶文化，都是在Cupertino（庫市）的Quinlan Center之Cupertino Room舉行。Quinlan Center離Highway 85很近，地點適中，四通八達，交通方便，再加上環境清幽，廳堂寬敞，是辦活動的好地點。

　　走入Quinlan Center，迎面是一立型的花架，花架旁是幾盆翠竹。那花架是用數竿修竹架起，上面插有蘭花百合滿天星等美麗的花朵。花架的設計，非常獨特，除了花葉互相襯托以外，還用紅色的鐵絲纏繞出各種圓

形與網狀球形做陪襯，紅白綠紫，顏色搭配得極為雅致，整個花架構成了一件創意非凡的藝術作品。泡茶師個個身著唐裝，來客也多半配合活動穿中國風味的服裝。進入會場彷彿進入了古代的時空，有唐朝的瀟灑，宋朝的文人氣息，明清的擺設，民國初年的穿著打扮。

　　會場共有十個桌次區位，每個桌位泡不同的茶。第一個桌位是表演示範桌，泡的是凍頂烏龍茶。第二桌泡的是安吉白茶，接下來是貴妃茶、高山茶、正欉水仙茶、白毫烏龍茶、文山包種茶、正欉鐵觀音茶、普洱茶、金駿眉茶。

　　每一區位的擺設都既古典又秀雅，看上去有一種安靜祥和之感。趁著大會尚未開始，我一區區的去細細觀賞。基本上每一茶區的後面都有一屏風，前面擺一長桌，每桌有兩位泡茶師。屏風上，或掛字畫對聯，或掛中國結及古董工藝品，欣賞完每一座屏風，就好似看了一場字畫工藝展，心情感覺非常的恬適與平靜。而每張桌上的擺設，更是精心安排，極具巧思。桌上一角必有盆景或插花，另一角擺上精緻典雅的藝術品，桌子的中間則展出茶具。每桌的擺設都有獨門的設計與構思，茶具精美奪目，件件讓人看得愛不釋手。在會場走一圈，欣賞他們的擺設與茶具，只覺賞心悅目，非常開心。

　　茶會開始，主持人介紹現場貴賓，庫市市長及鄰城各市的市長，還有多位官員僑領都來與會，原來現場早已貴賓雲集，高朋滿座。

　　接著宋會長上台介紹茶會歷史，林老師介紹今天將品嚐的十種名茶之特色與特性。這時台上的兩位美麗古箏演奏家開始彈起幽雅動聽的古箏，錚琮的琴聲中，第一桌的茶師開始表演泡茶與奉茶。兩位茶師動作優雅，態度怡然大方，一人將泡好的茶斟入置於茶盤上的茶杯中，另一位茶師則奉茶與貴賓。表演完畢後，各個茶區開始泡茶。

| 1 | 2 | 3 |

1　林焗志與宋貞夫婦
2　入口處的美麗花架
3　古雅的茶具

　　茶會贈送每位來賓一個茶杯，一袋小西餅。客人可以去茶區斟一杯茶，回到座位上一面喝茶，一面享用茶點，悠悠閒閒的享受一杯下午茶的樂趣。茶會送的杯子不算小，一杯茶約有一小杯Espresso Coffee的量，可以喝上好多口。

| 1 | 2 | 3 |
| 4 | 5 | 6 |

1　茶花雅趣　　　4　琥珀色的茶湯
2　新春茶會盛況　5　美麗的母女檔
3　泡茶示範　　　6　老美姐妹檔茶師

　　我選的第一杯茶是正欉水仙茶，不為別的只為喜歡這款茶葉的名稱。水仙茶原產於閩北，由於茶葉很香，有「香飄萬里」之譽，當地人稱之為水仙茶樹，並非用水仙花製作的花茶。水仙茶樹的茶葉是烘焙製作烏龍茶的上好原料。我有幸喝到第一泡的水仙茶，茶湯的顏色有如琥珀，晶瑩透明，好看得令人心動。茶非常的香，聞之視之真不忍冒然喝下，我聞夠茶香，才去品嚐。喝下一小口，立感生津止渴，舌根回甘，口齒留香。茶香讓頭腦清明，熱茶讓身心溫潤，這時再配一塊小酥餅，那感覺真是無比的美好。

　　接下來我選擇了白毫烏龍茶，這款茶就是英國女皇最愛的東方美人茶。這原是我最愛喝的茶，但我喝時已是好幾泡，茶湯稍淡，但仍然清香甘美，喝來仍有絲絲奶香與甜味，不失為一杯好茶。再喝文山包種茶，那是我熟悉的包種茶清香，平日我常喝這種茶，因為陸續都有親朋好友送我這種茶，我也喜歡它的溫和清香，喝了真如遇見了老朋友的感覺。

　　值得一提的是普洱茶，泡茶的茶師是一對母女，母親高雅貴氣，女兒靈秀美麗恍如畫中走出的古典美人。她們泡的是生普，竟然清香甘美還有一股特殊的好似自然野外的幽幽樹草香。此茶既沒有茶館中普洱茶的霉味也沒有尋常普洱的混濁感，喝起來非常清爽順口，這才是真的好的普洱茶啊！喝了這口茶，才了解為什麼普洱茶這麼有名。

　　我又喝了金駿眉茶、凍頂烏龍茶及貴妃茶，無不清香甘美，杯杯有如甘露，讓人喝得身心舒暢。

　　泡貴妃茶的是對白人姐妹，難為她們熱愛中國文化，遠從奧勒崗來跟林老師學泡茶。據林老師說貴妃茶是一種夏茶，因它被蟲咬過，自然發酵產生一股荔枝香味，楊貴妃愛吃荔枝，因而命名貴妃茶。林老師安排一對美麗的白人姐妹泡貴妃茶，應是別有用心。感念她們因醉心我國文化，穿

上唐裝為我們奉茶，不由感謝這一杯茶中的文化魅力，讓所有來賓都做了一回貴妃。

　　喝茶如品酒，要細品慢飲，才能體會出喫茶之趣。拿到一杯茶先欣賞茶湯的美麗顏色，或如琥珀，或如翠玉，或如茶色水晶。欣賞完後再聞其香氣，感覺那或濃郁或清淡的幽幽茶香，接著再慢慢一小口一小口品嚐。那才能把喝茶提升到一種精緻藝術的境界，也才能真正的體會到雅趣的感覺。

　　茶文化學會的宋會長說，她們推廣茶藝的目的，就是要教人泡一杯好茶。泡一杯好茶，除了要會選茶葉，還要了解一壺茶的茶葉用量與泡茶的開水溫度。茶葉用太少則淡，太多則濃。水溫不夠熱泡不開，太熱不但破壞茶葉還燙嘴。看來想泡一杯好茶，還真要用心學習呢！

　　喝茶不能大碗牛飲，那樣就品不出什麼所以然來。喝茶的環境也很重要，在一間布置幽雅的茶室中，在一片書香與花香中喝茶，自然是更增添雅趣。茶文化學會就特為大家布置了幽雅的喝茶環境，再為大家送上一杯好茶。讓大家感覺一回幽雅閒適的喝茶情趣。

——原載《品雜誌》，2014年2月。

輯三

玩
在矽谷

薄霧中的浪漫——美麗的舊金山

　　舊金山的美，美在舊金山灣。美在那傲視太平洋的紅色金門大橋，美在那藍天碧海間飄蕩在金山灣裡的片片白帆，還有那綠如海中翡翠的天使島。舊金山的美，當然還美在面向海灣依坡而造且建築設計各有風格的摩天樓群。三面環水一面依山的城市，終年似初春般的微寒氣溫，薄霧常在不知不覺中忽然飄了過來，籠罩住金門大橋，飄向城裡，很快的那些高樓，那條九曲花街，還有那叮噹纜車，都披上了一層似薄紗的輕霧。

金門大橋與海灣大橋

　　金門大橋不止是舊金山的地標，也是加州的地標。它的確美，橘紅色的橋身美得耀眼，大橋兩端高聳入雲的橋門美得誇張，巨大的鋼索美得神奇。很難相信，2780米長的大橋是一座僅靠鋼索吊起的單孔橋。更難想像，科技還沒有起飛的1937年就能建造這樣的大橋。儘管世界各地不斷有更長更大的橋建成，但它目前仍然是世上最大的單孔吊橋，這是為什麼它一直被稱之為天下第一橋，是人工建造的所有名橋之首。它連接了舊金山與它對面的馬雲縣（Marin County），包括美麗的莎莎利多（Sausalito）與堤玻容（Tiburon）。

　　要欣賞金門大橋，最好的觀景點是對岸山丘頂上的古砲台（Battery

Spencer），那裡居高臨下，東看大橋，橫跨在兩個半島之上，背景是海灣與舊金山市。金門大橋不只是從太平洋進入舊金山的門戶，也是進入美國的門戶，正對著大橋的天使島即是以前的移民關口。砲台上人煙不多，站在山頂上看到的是海天的壯闊，又感覺離天好近。西望太平洋，海天交界處一片白茫茫的迷霧，恍惚置身在海之角，天之涯。有一回陪伴父母遊罷納帕酒鄉，回程時順道上砲臺來觀金門大橋。那時已近黃昏，西天的彩霞在迷霧中若隱若現，卻見那片霧一瞬間愈聚愈多，忽地海上就是白茫茫的一片，接著海風狂吹過來。八月的暑天頓成了寒冬，父親仰面哈哈大笑道：「都說舊金山四季如春，這正像江南的料峭春寒。」

等我們下山開車過橋時，金門大橋已沈在霧中，只看見一前一後的兩個橋門頂端露出於白霧之上，那橋彷彿是雲端上的天橋，美得迷人。

在舊金山對岸的大橋觀景點看臨海的舊金山，整座城市的美盡收眼底。那一大片高樓大廈，壯觀美麗。金字塔式的汎美大樓，獨特搶眼。尤其在薄霧瀰漫的天氣

上圖　雲霧飄向金門大橋
中圖　金門大橋
下圖　霧中金門橋

中，舊金山更有說不出的嫵媚。在那裡可以看到橫跨在海灣上的另一座大橋，海灣大橋。

海灣大橋分東西兩側，大橋通過海灣中的金銀島，靠島上的隧道將東西兩側連接起來。兩側加起來的橋長約六公里，由於分上下兩層車道，巨大的橋身看來氣勢恢宏，雖然它的地理位置沒有金門大橋險要，造型亦不如金門大橋美觀，但它的長與寬卻看來更為壯觀。海灣大橋的照明系統，設計得美輪美奐，夜間燈火通明，一盞盞的橋燈像是懸在海上的夜明珠，是金山灣中的另一道美麗風景。

移民血淚天使島

舊金山灣裡的海水不像太平洋那麼藍，有點綠，而且是透明的碧綠，有幾座島嶼矗立在碧波蕩漾中。靠近漁人碼頭的小島是神祕的惡魔島，靠近堤玻容的是美麗的天使島。我天生膽小，怕看惡魔島上的聯邦監獄，但對天使的移民歷史卻好奇不已。

天使島實在是美，島上山巒起伏，全島被綠草及森林所覆蓋，青綠翠綠滿眼都是綠。沿著山腰小徑走去，看到的是一灣接著一灣的小海灣，聽到的是山鳥的嘲啾聲。憩息在海灣裡的帆船，乘風破浪的快艇，穿梭來去的客船（Ferry）盡收眼底。如今來到天使島，在一片風光明媚中，憑弔它的歷史，少了幾分悲傷氣氛卻仍然免不了低迴喟嘆。

兩千年前，印地安人就已經在天使島屯居。這裡橡樹滿山，印地安人收集橡子磨成橡子麵作主食。他們在海灣裡補捉魚蝦貝類，獵殺海狗海獅海瀨等水棲哺乳動物。據說那時，島上野鹿成群，也是他們打獵的對象。如今島上當然不再有印地安人，但他們為了打獵而留下的山中小徑，卻足

以供後人緬懷他們的足跡。

　　來到天使島不能不看看當年的移民局。天使島的移民局設在中國灣（China Cove）附近，1910年開設到1940年關閉。三十年間因為審核移民的手續複雜遲緩，移民下船之後多半被拘留在島上等待核發簽證，少則兩星期，長則達兩年，這期間被拘留在島上的華人達十七萬五千人之多。自1882年，美國國會通過排華法案後，華人入境即困難重重。十九世紀初，華人到新大陸來開礦修路，他們工作勤奮，安分守己，曾被當時加州的幾位州長如巴尼德（Burnett）及麥都高（McDougal）等嘉勉過，咸認為華人是優秀的民族，而歡迎華人來美。然而好景不長，隨著十九世紀後半期的經濟不景氣，加州居民眼紅於華人的勤懇及善於儲蓄，竟展開了一系列的排華暴力行動。加上後來出現了一位狹隘的種族主義州長畢加勒（Bigler）的推波助瀾，華人被劫被殺，不計其數，最後導致1877年的舊金山暴動夜。當時清政府積弱不振，無力保護華僑，美國又縱容犯罪的白人，以致華人投訴無門。而在這種情況下華人移民依然前仆後繼，仍飄洋過海來打工。有身分的在城裡過著提心吊膽的生活，沒身分的被關在島上過著前途茫茫的日子，那時的華人只有隔海對泣的分。這種情況直到第二次世界大戰，中美成了盟友後才獲改善。

　　如今天使島上在華人被拘之處豎立了一個紀念碑，刻著當年某移民寫的對聯：「別井離鄉飄流羈木屋，開天闢地創業在金門」。排華法案早已劃下句點，今日中國人早已翻身，創業成功者不計其數，已鮮少做低下的勞役工作。遙望舊金山，今日的繁華，有多少是華工當年的血汗。唐人街的美食，曾列名米其林餐廳的嶺南小館，是多少華人懷念家鄉風味的寄託。緬懷當年華工不計性命的種種努力，不由對他們肅然起敬。

山城風光

　　舊金山市中心的街道順著山丘高低起伏，房屋盤山而建密度很高。由於獨特的坡度造成街道迂迴曲折，因而有九轉十八灣的美麗花街（Lombard St.）。花街種的是各式品種的繡球花紫藍黃紅顏色各異，初夏花季，不論站在街頂或街底，看那依坡而開的花海，彩花綠葉一片錦繡，美得讓人瞠目。

　　纜車（Cable Car）是城裡的獨特交通工具，也被稱做舊金山歷史的活化石，來到舊金山不能不坐一回纜車。當叮噹聲由遠而近，興奮的遊客蜂擁上車，坐在古雅彩漆的纜車中翻過一丘一丘的山崗，享受那有一百多年歷史的交通工具特有的顛簸感。纜車開得慢，又是開放式，乘客正好路細細地觀賞舊金山的街景。

　　舊金山的街景很美，各種風格的建築物都有。市政廳羅馬式的金色圓頂，配上希臘式的白色圓柱，媲美華府的國會大樓。由柏克萊建築系設計的「藝術宮」，是由一棟羅馬式與一棟希臘式的兩棟建築組成，前面的水塘裡常有天鵝戲水，洋溢著歐洲式的古典浪漫。另外中國風味雕龍鏤鳳的唐人街城門、東洋味的日本城五重塔、歐洲殖民風味的義大利城，處處透著異國風情的浪漫。

　　舊金山的住宅區也一樣很美，屋宇雖然密集，卻各有特色。維多利亞式的小樓一棟接著一棟，每棟的油漆色彩，雕刻設計都不相同。沿街走去可以盡情欣賞每棟建築的藝術風格。

1	2
3	4

1 天使島上的紀念碑
2 叮噹纜車
3 舊金山的市政廳
4 薄霧升起中的舊金山

漁人碼頭的多彩多姿

　　舊金山是浪漫的城市，而最浪漫的地方非漁人碼頭莫屬。那裡水族館，蠟像館，巧克力工廠，冰淇淋店，海鮮餐館，義大利餐館，吃喝玩樂，應有盡有。三十九號碼頭看海獅，四十五號碼頭看戰船。沿街的賣藝人，耍盡各種法寶，或唱或跳，或扮成各種角色，不但讓人看得心花怒放，亦能搏人開懷大笑。

　　漁人碼頭的酸麵包特別有名，尤其是將麵包挖空，裝入海鮮湯（Clam Chowder）的麵包湯更是此地的特色美食。碼頭上幾乎家家都賣酸麵包海鮮湯，我每回去都選不同的店品嚐，家家味道都不錯，倒沒有特別喜好的店家。一般來說，那裡的酸麵包的確比別處做得鬆軟，海鮮湯濃郁鮮美，

真材實料,不會像某些店中全以馬鈴薯頂替。舊金山四季都涼,喝上熱呼呼的麵包海鮮湯,冰涼的手腳立刻有了暖意。

　　多年前我們一家曾陪我父母,在漁人碼頭搭遊船於船上用餐遊海。船上的食物非常豐富,不大愛吃美國食物的父母,吃得讚不絕口,挑食的女兒也吃得大快朵頤。船駛出碼頭經過惡魔島欣賞海灣大橋,繞過天使島看金門大橋,最後停在灣中,讓遊客欣賞天空中美國藍天使的表演。下船時已是黃昏,全家坐在碼頭看夕陽,看漁船歸航,看海上升起的迷霧,不得不讚嘆漁人碼頭的美。

風情萬種金門公園

　　第一次到金門公園就驚訝於公園的大,去過公園好多次,至今沒有窺盡它的全貌。那裡有多座美麗的花園,許多大小湖泊,有數不清的羊腸小徑。可以划船,健行,騎腳踏車。

　　小橋流水,古色古香的日本茶花園裡可以賞錦鯉品茶。花團錦簇的植物園裡有四時不謝之花,有數不盡的奇花異草,有品類繁多的綠色植物。

左圖　舊金山海灣的黃昏
中圖　漁人碼頭的酸麵包海鮮湯
右圖　維多利亞式的玻璃花房

東北角上的維多利亞式玻璃花房裡，養殖著各色各樣的熱帶植物，開著朵朵不常見的奇花，嬌艷異常。暖房裡亦多名種蘭花，處處花開，幽香滿室。蝴蝶房裡彩蝶翩翩，美如夢幻，難怪有人將蝴蝶比作愛情，牠雖然美麗卻難以捕捉。

公園裡還有館藏豐富的迪揚藝術館（de Young Museum），館裡除了定期更換自己的收藏品外，也常舉辦特展。去年為期半年的印象畫派展，造成轟動，擠得車水馬龍水洩不通。目前正舉辦的畢卡索回顧展，亦是一票難求。

結語

舊金山的美麗浪漫，說也說不盡，只能借用生長於加州的著名作家威廉薩洛揚（William Saroyan）的幾句話：「如果你還活著，三藩市不會使你厭倦；如果你已經死了，三藩市會讓你起死回生。」

——原載《品雜誌》，2011年12月。

1、要去天使島可至漁人碼頭搭乘往天使島的Ferry
2、九轉十八灣花街Russian Hill District的Lombard St.
3、藝術宮3301 Lyon St., San Francisco, California
4、駛往漁人碼頭的Cable Car可在Market與Powell交口處搭乘

碧海飛瀑

　　偶然在雜誌上看到一張風景圖片，只見海邊的斷崖峭壁上，一條飛流直下沒入沙灘中。晴天碧海，礁岩沙灘，風景本來已經夠美了，再加上一條流動的瀑布，景色就更奇了。我為美景所動，卻不知它在何處，心想若能去到那個地方，親身看看那景色，才不至於遺憾呢！

　　去年夏天，照例於國慶節的長週末，與我們成立多年的露營大隊一起去露營。這回選的地點是加州中部濱海小城Big Sur（大社）附近的州立公園，離矽谷大約九十英哩，不到兩個鐘頭的車程。

　　紮營後的次日，大隊人馬開車到大社以南十幾哩的海岸公園Julia Pfeiffer Burns State Park去尋幽探勝。聽說公園裡有瀑布，我們沿著指標向海岸方向走，轉過一個小山頭，穿過一個隧道，McWay（馬可威）海灣豁然在目。那真是一個美麗的海灣，海水藍的像碧玉，微波輕浪，夏日的豔陽灑在海水上，蕩漾著一片閃爍的光輝。再趨過一個山頭，赫然見到對崖的山壁上有一道瀑布，竟然就是我夢寐思念的景色，我一時興奮得幾乎手舞足蹈起來。這是個完全天然的景點，州政府為了保持自然的景觀，禁止遊客攀下海灣。僅在瀑布對面的懸崖上開闢了觀景台。

　　自觀景台環視海灣，原始、清幽、靜謐。半圓弧形的海灣，是加州海岸典型的花岡岩岸。百呎多高的懸崖上，是一片挺拔的松林，一泓清泉就從松蔭之中破壁而出，如銀河倒懸之勢，急瀉而下。崖壁下有一片月牙

與老公小女兒攝於加州中海岸

形的白色沙灘，偶而打來一波輕浪，激起一片白色的浪花。瀑布的右前方有一塊伸入海中的半島，半島由兩大塊礁岩組成，當地人稱馬鞍岩，以像馬鞍而得名。我倒覺得，前面的岩石似一頭臥著的獅子，尤其是岩石頂端的一小排松樹，像極了獅子王頭上豎起的頭髮。後方的一塊，中間駝峰突起，則像一隻昂首的駱駝。礁岩與陸地連接處，有一透空的岩洞，海水在洞裡轉來轉去，一會蕩出一片潮水，一忽而又落下去，變化多端，也是一方小小乾坤。觀景台下方的山坡上開滿了野花，豔紫、橘紅、鵝黃，粉白、為藍天碧海點綴上燦爛的七彩色澤。我們倚在觀景台的護欄上細細的欣賞周遭的景物，聆聽海濤松風，沐浴在溫柔的陽光中，心情快樂無比，感覺身上每一個細包都完全的放鬆了。

1 McWay（馬可威）瀑布
2 馬可威海灣中的馬鞍岩
3 海中的玉蛤蟆石

　　過了觀景台，濱海的小徑依然往前伸展，順著小徑往前走，又轉過一個山頭，景色倏然開闊，前面再無山丘擋住視線，一片浩瀚無際的大海躍入眼簾，海岸線連綿不斷，延伸到天際。不遠處的海中，有一對並排的白色岩石，同伴們都指著石頭異口同聲說，像極了一對玉蛤蟆。這裡粗獷開闊，有另一種美，同樣是一派自然原始的景觀。

　　我閱讀公園的歷史才知數百年前，印地安人原本在公園附近有很大的村落。此地風景優美，海產豐富，盛產生蠔，鮑魚，貝類等。森林裡，橡樹成林，印地安人用橡子磨粉，製成橡子麵，是他們當年的主食。可以想像印地安小孩在海邊游泳戲水後，到瀑布下洗天然淋浴的情景。他們日子過得不富足，但他們無憂無慮，自由自在。自從西班牙殖民船隻發現此地後，印地安部落就漸漸絕跡了。他們都到那裡去了呢？進了印地安保留區嗎？苦難的印地安人，大社一帶連記念他們的博物館也沒有。

　　十九世紀時，西部開拓先鋒Pfeiffer（菲佛）家族在公園現址建立農莊，直到二十世紀初，國會議員布朗氏買下菲佛家的農莊後，於1962年捐給了政府。為了記念菲佛家的女兒茱麗亞對他們的照顧，公園便以她為名。據說菲佛家的子孫們曾經遍居在大社附近的各個山頭。為了記念菲佛家族對大社的開發與貢獻，附近的景點以菲佛氏命名的很多，像菲佛灘，菲佛谷，還有我們的營區菲佛大社州立公園等。其實，當年印地安人，胼手胝足在此地生活，披荊斬棘開拓了最原始的林間山徑，為後來的西部開拓打下基礎，也為今日公園的遊客留下登山小徑。老美對於印地安人的功績，卻隻字未提，不公之處，誠屬遺憾。

　　馬可威瀑布高八十英呎，水流終年不斷，在每年夏秋兩季有長達六個月乾旱的加州，泉水不枯，是非常難得的。與一些知名大瀑布相較，它雖然不夠高，更不夠寬，但它位置之奇，景色的空寂靈秀，確是世間僅見。

為了保護這個瀑布，此地返璞歸真，農莊拆除，住戶遷移，禁止漁獵。州政府還給觀光客一處完全原始的面貌。居住在各處山頭的菲佛子孫們，早已遷居他處。橡樹長得更高了，再沒有人吃橡子麵。林間小徑落滿一地橡子，成了松鼠的覓食天堂。

站在馬可威海灣的山頭極目看去，很容易讓人忘掉身在十丈紅塵，以為到了尚未開發的史前世紀。我不禁對州政府的保護措施及美國人民的守法精神，生出幾分敬佩。畢竟自然原始才是人間至美。

——原載《僑報》，2010年1月25日。

巨木深谷
——原生態的思科亞與國王峽谷

加州的塞拉內華達山脈，有許多一萬英呎以上的高峰，山高自然多深谷，思科亞與國王峽谷（Sequoia and Kings Canyon）即座落在加州中部的崇山峻嶺中。這兩座國家公園毗鄰相連合而為一，思科亞公園以思科亞巨木聞名，國王峽谷以峽谷縱橫聞名。由於這裡沒有優勝美地有名，再加上山高路險，相對的遊客不太多，更加給人一種原生態的自然美感。

上圖　孩子們在紅木森林前留影
中圖　手拉手圍巨木
下圖　樹洞隧道

巨木森林（Giant Forest）

　　思科亞巨木（Giant Sequoia，水杉）是塞拉內華達山脈特有的一種常綠巨木，也可說是世界上最大的一種樹，此樹由於生長環境特殊，在其他地方很難見到，它一般生長在五千到七千英呎（1530－2150M）的山腰上。喜歡溼度較高的環境，所以只出現在塞拉山西面的山坡上，因為這裡遙望太平洋，受海洋暖流影響雨水較多；面對內華達沙漠，氣候乾燥的東面山坡則無此巨木。

　　巨木森林（Giant Forest）在思科亞國家公園的心臟地帶，那裡巨木林立，綠蔭蔽日，有三棵排名在前五名之內的巨木，分別是排名第一的General Sherman，第三的President及第四的Lincoln。森林裡

參天巨木－思科亞

最高的樹－General Sherman，樹齡超過兩千年，高兩百七十五英呎，樹的底圍一百零三英呎，我們一團人出動二十個人手拉手才勉強將它圍住。President及Lincoln的高度也多在兩百五十英呎左右。巨木屬於紅木（red wood）一類，同樣有挺立筆直的樹幹。它一幹衝天到頂部才有枝葉，樹枝虯蟠交錯，針葉細密翠綠，枝葉的勢態與加州一般的海岸紅木大不相同，難怪它能吸引眾多遊客，跋山涉水前來瞻仰它的英姿。

　　思科亞樹選擇生長在人煙罕至的崇山峻嶺中，避開了人為砍伐；多雨潮溼的山區，躲去了山火之厄，才能存活幾千年。但它的缺點是紮根不深，超過一定的高度後，根部無法承受枝幹的重力，便有連根拔起的危險。公園中有棵巨木樹洞隧道，即是在一棵倒下的巨木上鑿開大洞，以供車輛通過。這棵樹原本高兩百七十五英呎，直徑二十一英呎，若未倒下則可能比現今最高的巨木還稍高些許。

　　巨木森林裡，有許多林間小徑，全長三英哩。行走在高高低低的小徑上，一路觀看巨木，聽山風鳥語，兼具運動與觀光之效，非常有趣。旁邊有一巨木博物館，展示著巨木的特性，與它生長繁殖的過程。並有巨木與其他常綠樹如松、柏、紅檜等作比較的圖解說明，是教育孩子們關懷與認識自然的絕佳資訊。

飛瀑流泉水晶洞（Crystal Cave）

　　兩座國家公園中有大小鐘乳石洞八十餘座，最有名的水晶洞在思科亞公園西邊的山谷裡，從巨木森林以南的入口到洞口有一英哩多路，來回兩英哩的路。去的時候是下坡路，很好走且一點不覺得累，回來時走上坡路就較為辛苦。好在沿途野花鮮艷，鳥飛蝶舞，頗不寂寞。

　　山路傍著一條山澗小溪往下走，小溪順著山勢往下流，由於山坡的落差形成很多喀斯特小瀑布。途中經過一個很大的瀑布，瀑布分上下兩層；上層瀑布較寬，但這一段的懸崖凹凸不平，所以水流下來一股數折水勢就沒那麼猛形成一片宛如白紗輕飄飄的水簾。瀑布下端有許多巨石，水簾打在巨石上濺起一片漫漫水霧，落到石上變成多股細流，流入一小小水潭中再一股腦匯成另一片大水直直往一更大的落差倒瀉下去，這段瀑布高懸數十呎水勢較洶湧。時值盛夏，山路走得又累又熱，大夥一起到瀑布下，坐在山石上觀瀑納涼，孩子們涉足溪中戲水，都非常開心。

　　水晶洞每半小時有解說員帶客遊洞，四十五分鐘的旅程，可以飽覽洞中形狀特異的鐘乳石，領略地下水沖洗出光滑大理石的色澤之美。水晶洞論大小雖無法在全球排上名，但因它所含的礦物質之不同及其沉積的方式，造成許多特殊的景觀。有一處洞頂的水溶礦物質像針一樣地慢慢往下垂，千百年後形成一條條的掛麵。有些垂下之頁岩布滿似豹紋的圖案，好似一張張的豹皮掛在那。也有還在生長的乳白色鐘乳石，溼淋淋不平滑的表面，看上去好似正在融化的香草冰淇淋。造物著各有所鍾，它賦予不同的洞穴不同的財寶，水晶洞自有許多與眾不同之處。

拔天突起的莫若巨岩（Moro Rock）

　　莫若巨岩是思科亞公園最具代表性的景點，離巨木公園不遠。它是一塊獨立的巨大花崗岩，像一座巨形圓頂高高地拔天突起於高山草原上。由於經年累月的風化，山峰表皮的泥土完全剝落，露出了裡面的花崗岩，形成了特立壯觀的奇景。

　　莫若岩離地面最高處有一千英呎高，離地面較近的一端，建有一長達

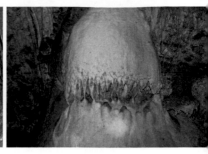

| 1 | 2 | 3 |

1　一條條如掛麵的鐘乳石
2　水晶洞中豹紋頁岩
3　冰淇淋

七百九十七英呎的登山道。以水泥修建的登山步道很寬，一邊有鐵欄杆扶手，以保登山客的安全，但有些路段依然陡峭難行，攀登起來頗為吃力。爬到山頂，下看千呎絕壁，怦然心驚；舉頭萬里藍天無雲，環看四週谿山深豁重疊交錯，參天古木盡在足下，頓覺胸襟隨著天地開闊。對面山坡上有一名為古堡岩的石群，其形狀好似築在山坡上的城堡，尤其前方那上尖下寬的高大石柱，更恍若高聳的哥德式鐘樓。層層青山翠谷外，遙見許多高峰之間仍有皚皚積雪，炎炎夏日中，高處仍然不勝寒！

　　視野寬廣的巨岩之巔，除了登高極目，遠眺千里，亦是看日出晚霞的好地方。我們在岩上盤桓至黃昏時候，下山時見夕陽染紅了群山，層巒之間的光影瞬息變化萬千，此時享受無限美景的喜樂真是難以言喻。

| 4 | 5 | 6 |

4　莫若巨岩的登山道
5　古堡岩
6　峽谷夕照

鑲嵌在群山中的一顆藍寶石
──休迷湖（Hume Lake）

　　休迷湖座落在從思科亞國家公園往國王峽谷途中的山谷裡，是座高山湖泊，湖面的高度在五千兩百英呎左右。遠遠望去，它像是鑲嵌在群山中的一顆藍寶石，如真似幻，美得叫人難以相信它是湖。它的湖水清澈，湖面風平浪靜，湖中野鴨游泳，水鳥覓食，四週林木翠綠，芳草萋萋，風景秀美如畫。

　　湖畔有幾處沙灘，可供人游泳戲水。湖上可以划獨木舟，可以垂釣，湖中主要的魚類是鱒魚。湖旁的環湖步道，林蔭夾道，鳥語花香，散步健行兩相宜。

　　由於它的風景迷人，湖畔的設施很完善，附近有露營之營地，亦有客棧及小木屋等可供旅客住宿。休閒的場所也很多，有游泳池、高爾夫球場、兩家咖啡店、餐廳、商店等，還有獨木舟出租店。山谷裡並有教育機構在此舉辦夏令營，教孩子們游泳登山等許多野外求生的技能。

　　沿著湖邊小徑欣賞湖光山色，走累了，到咖啡店喝杯咖啡，為孩子們叫一客冰淇淋，真是一家人放鬆心情的愜意時光。

急流洶湧咆哮河（Roaring River）

　　兩座國家公園的範圍非常廣，南北距長一百多公里，東面的邊緣上全是插天高峰，四千公尺（一萬三千英呎）以上的雪峰就有二十餘座。雪山上的積雪，在天氣暖和後漸漸融化沿著山凹流入谷底匯流成河，這裡山多

谷多溪流也多。由於山高坡陡，加上深谿中多巨岩亂石，因此多急流激湍，落差稍大著就形成瀑布。公園裡大大小小的瀑布很多，山谷裡隨處可聞隆隆水聲，好似山谷在咆哮。

　　從休迷湖回到180號公路，繼續往國王峽谷開去，沿途就能看到好幾個瀑布。比較有名的是咆哮河瀑布（Roaring River Falls），這個瀑布只有四十英呎高，但水量豐沛，終年奔騰不已。由於溪流隨著山坡一路往下流去，水勢特別洶湧猛烈，只見大水自瀑布上傾瀉而下，一路亂石奔雲，驚濤拍岸，向下游狂奔而去。山谷原是沉穩安靜的，水與石衝擊產生了無窮的變化，發出濤聲、吼聲。動、靜、聲音，交織出國王峽谷鮮活的立體美景。

原生態的環境，野生動物多

　　公園內野生動物的種類很多，除了常見的鹿以外，紅狐狸，黃鼠狼，黑熊皆常出沒。我們剛進入思科亞森林不久，就見一隻紅狐狸輕快的往山坡上跑去，轉眼便消失不見。次日攀爬莫若岩時，見到一熊媽媽帶著兩隻小熊在樹叢中覓食。

　　七、八十年前，這裡原有大片林場，曾經

上圖　鑲嵌在群山中的藍寶石－休迷湖
中圖　寧靜的休迷湖水
下圖　咆哮瀑布落入咆哮河

有繁榮的村落，許多家庭靠著這片林場為生。有識之士們意識到濫伐的問題，尤其擔心原本數量並不多的巨木有絕種之虞。後來經過許多團體奔走請願，政府實施禁伐還林，關閉林場，遣散員工，許多木屋於一夕之間夷平，還原了原來的生態，成就了今日的一片自然美景。

　　　　　　　　　　　　　　　　　——《世界週刊》，2013年1月9日。

1、公園地址與二十四小時專線電話
　　47050 Generals Highway Three Rivers, CA 93271-9561
　　(559) 565-3341
2、去公園最方便的道路是從Fresno走180號公路入山。
　　公園中有客棧多家，住宿不成問題。
　　亦可露營，但營地至少要在半年前預定。
3、水晶洞的門票須要預先購買，洞口不賣票
　　賣票處 | Lodgepole and Foothills Visitor Center

觀瀑驚魂記

　　我愛觀瀑，從小學一年級學唱「臺灣小調」唱到「烏來瀑布十丈高」時，就對瀑布發生了濃厚的興趣。當時我問母親，什麼叫瀑布？母親說瀑布是自然界最奇特的風景，就是一道水柱從山頂上倒瀉下來，也就是一條河掛在半空中。或許是先入為主的印象，往後我一聽到瀑布兩個字，就恨不得去一觀究竟。

　　每年七月，美國獨立紀念日的長週末，好友Lisa都會組織露營活動。2011年，選擇在加州首府沙加緬度以北大約七十英哩處的Lake Oroville，發音奧柔維爾，簡稱奧柔湖。到湖邊露營不希奇，但奧柔湖的源頭是全美第六高的羽毛瀑布。露營大隊長陳君發出電郵計劃帶大家去看瀑布，翻山越嶺來回八英哩。算算將近十三公里的路程，自從大二寒假參加過太平山登山隊後，我再也沒爬過這麼長的山路。有機會重溫年輕時登山觀瀑的舊夢，我當然不願錯過，立刻就報了名。

　　每回露營，都由陳君研究遊玩活動，其妻Cathy與Lisa負責食物。據陳君計劃，我們先走三點五英哩的下山道到羽毛瀑布觀瀑用午餐，再走四點五英哩的上山道回程。據網上資料顯示，下山道是先下後上，到瀑布後銜接先上後下的上山道，兩條登山道在山腰上呈一橄欖球形。上山費力下山省力，所以做這樣的安排。

　　這日一大早，吃過早餐，帶上Cathy她們準備的午餐，十幾輛車浩浩

蕩蕩地進山去。從奧柔湖大約要開四十分鐘，才到達羽毛瀑布入山口的
停車場。陳君叮嚀大家務必帶足水。我們一家三口每人帶了一瓶500cc的
水，老公背包裡另有一大瓶兩公升的礦泉水，看來應該是夠用。

　　入山口已在眾山環抱中，一條山路沒入前方黑幽幽的森林裡。我自幼
在鄉間長大，從小與山林為伍，走訪名山大川，尋幽探勝是我的愛好。年
輕時為求學忙碌，成家後忙著把女兒養大，如今老大已離巢而去，老二剛
從高中畢業還願意陪我們兩老爬山，實在令人欣慰。三十年來我們偶而也
曾爬山健行，但從未超過三英哩的路，一下子要挑戰八英哩，我頗有豪氣
萬千之感。

　　山坡路到底不好走，走了一刻鐘就感覺有些累，不久走到一三叉路
口，見一路牌上有一向上指的箭頭寫著上山道4.5英哩，另一往下的箭頭
標示下山道3.5英哩。還有一箭頭指著來時路，停車場0.5英哩。原來這裡
才是真正的入山口，我們一開始就少估計了一英哩的來回路程。心中有點
小小的懊惱，但想想充其量不過多走四十分鐘的山路，誰怕誰啊！一行人
挺起胸膛，繼續向前走入了下山道。

　　山路兩旁是參天蔽日的蒼松翠柏，間雜著橡樹與其他種類的植被。意
外的，山路上竟保有印第安人生活的遺跡，森林中的天然大石上有數個印
第安人鑿的碗型石臼，是他們當年磨橡子麵用的。路邊的告示牌解說，據
考證某些石臼已有兩千年的歷史。孩子們對這些石臼非常有興趣，到底他
們都念過加州歷史。環顧四週的橡樹與掉落地上的橡子，遙想印第安人當
年的生活，孩子們臉上既好奇又興奮。女兒回頭對我豎起大拇指，表示不
虛此行。

　　不久來到一條小溪，上面架著簡陋的木造小橋，看來很原始很古老。
過橋後，路旁亦有一告示牌解說這一帶雨量豐沛，即使在炎夏之中依然潮

溼，因此林中孕育出許多種類的昆蟲，尤其是紅殼黑點的小瓢蟲（Lady-Bug），每年有成千上百萬在這裡過冬。果然，孩子們已在橋下看到了許多可愛鮮艷的小瓢蟲，一張張小臉興奮得眉開眼笑。大夥走走停停，說說笑笑，很快的兩個鐘頭便過去了。

再走了一陣，林蔭開始少了，太陽開始烈了，向上蜿蜒的山路愈來愈難走，孩子們的笑臉變成抱怨連連的臭臉。我早已累得氣喘噓噓汗流夾背，這時爬一段坡就得找棵樹蔭喘氣，漸漸地已被大隊人馬甩在後頭，女兒腳程快跟著其他的孩子們已走得不見蹤影。好不容易爬上山頂，見陳君與幾位同伴在樹蔭下休息。前面又出現一三叉路口，一條箭頭指著前面，羽毛瀑布0.5英哩；一箭頭指向來時路3.5英哩。陳君說，我們又少算了一英哩路，他剛請教了有經驗的登山客，通常官方標示的距離還要再加上半哩才到地頭。我們目前只走到瀑布區域的邊緣，此去瀑布還有來回一英哩的路。既入寶山，豈可不看瀑布，既已到此還計較再多走一英哩。

翻過山頂，走了一段下坡路，終於來到景區與女兒會合。隆隆的瀑布聲，震山動谷，但見一片密林擋住視線，只在林木掩映中看到模模糊糊晃動的水光。最早到達的團友小王指著一條順坡而下的石頭路說，下面有一觀景臺，可看到瀑布全貌。他建議我們先吃午飯稍事休息再下去看瀑布。已是過午時分，大家各自找塊大石坐下吃三明治，我們三人的水瓶都已見底，老公拿出大瓶幫我們把水加滿。小王眼尖，說回程天熱，我們帶的水不夠，他一家四口共扛了二十瓶水上山，說著拿出兩瓶水送我們，接過兩瓶水對他真是千恩萬謝。

站上觀景臺，不但羽毛瀑布看得清清楚楚，還可以遠遠的看到山下的羽毛河谷。瀑布自上面的小溪折了兩折飛岩而出後，瀑布面忽地變寬，大水氣勢如虹般的飛落半山腰，再順著山坡一路與巨石搏鬥跌跌撞撞的奮流

下山。此地海拔二千九百八十二英呎，羽毛瀑布高六百四十英呎，那瀑布之水不知要經過多長的山溝才能落到羽毛河中。奧柔湖其實就是攔截河水形成的水庫。居高臨下，前面的山巒一座比一座矮，此地亦是「一覽眾山小」。遠遠的竟可遙遙望見部分奧柔湖，那段湖水藍得像一塊琉璃鑲嵌在群山中，美得夢幻。

　　我們站在觀景臺上離瀑布近在咫尺，觸手可摸到瀑布散開的霧氣。我特別喜歡看那一團團往下落的水花，看它的變化萬端，觀它的虛實飄忽。Cathy忽然發現，大水急落向下，兩旁的山壁似乎朝反方向急速滑動，我望向兩旁山壁，真的產生了那種錯覺。但回過神來專注看水後，竟然就感覺不到山在動。不管山動！水動！此處的美景處處叫人心動。

　　大人們看風景，一個個不忍離去。孩子們眼睛轉了兩圈，便吵著要走。Lisa夫婦決定帶著孩子們先走，女兒知我走得慢，說好途中不等我，我忙追著把她的水瓶灌滿，才由她去。我們又盤桓了一會兒，也相繼戀戀不捨地往回程走。我們走得慢，還好陳君夫婦也慢。四人不管誰在前或在後，總能互相呼應。下午的太陽毒辣，曬得人燠熱難受，口乾舌燥，5.5英哩的回程路，水要省著喝。走了一英哩多來到一小瀑布旁，陳君教我們用山泉洗臉以降低體溫，如此可以減少喝水。山水很冰，敷在臉上非常舒服，我們找了一處樹蔭納涼。或許一般登山客皆不願多走一英哩，上山道上行人非常稀少。回家後查資料才知小瀑布也有名字，叫Frey Creek Falls。它雖然沒有羽毛瀑布的氣勢，卻也非常好看，溪水順著山岩一級一級的往下流，水聲潺潺，清澈冰涼。我們這時幾乎已爬到山頂，與對面的高峰遙遙相對，兩山之間是又寬又深的的山谷。如果不是要在天黑前趕回營地，在此下一盤棋喝一杯茶該有多好，既已「行到水窮處」，何不等著「坐看雲起時」。

1	2	3

1 蒼松翠柏夾道
2 羽毛瀑布上半段
3 羽毛瀑布

　　「休息是為了要走更長的路」，再度上路時，精神的確又好多了。據說上山道沒有下山道陡，但我們走了一陣，發現它更難走。原來它的走勢是過了一山又一山，上坡至山頂後走一段下坡路接著又往上爬，翻過好幾座山後，我已累得彎腰駝背渾身汗濕極其難受，赫見前面又有一更陡的山坡路，竟有大哭的衝動。無計可施，只能再坐下休息喝水。上山道還有一缺點就是山高樹少，我們每走出樹蔭便急走到下一處樹蔭下休息。這樣走走停停，每遇到山泉，就趕快洗手洗臉，即使這樣仍是不停的喝水，估計大約只剩一英哩左右的路程時，我們喝完了最後一滴水。打算若再撐不下去，就舀路旁的山泉喝。此時已遙見三叉路口，估計還有四分之三英哩的路才到停車場，我已感到口渴難忍。水！我生平第一次對它如此渴望，車上的行李箱中帶有大桶的水，只要走回停車場就有救了。但我已再使不出一分力量，眼看就要昏倒，忽見前面一人提了一大桶水疾走而來，定睛一看是小王，他特地給我們送水來，我夫妻喝飽了水真有起死回生之感，他說前面的路都是樹蔭已不會再有問題，緊接著他再到後面去救援陳君。

4	5	6

4 瀑布下段
5 衆山環抱的奧柔湖上游部分
6 Frey Creek Falls

走到三叉口，見地上坐了一胖胖的婦人，對圍繞她的家人控訴，不該帶她來爬山，這一路上除了那觀景臺沒有一樣公共設施，原始到廁所也沒有一間，這種事她此生再也不會幹。走沒多遠又見另一婦人坐在地上哭泣，她說實在沒法再走一步，並對她同伴抱怨州政府不做事，途中起碼該設置一休息站。我在想，我若無小王救援，早已中暑倒下，只怕還走不到這裡呢？

　　回到停車場已是下午六點，我最擔心的是女兒，她一路上是怎麼熬過來的。原來他們一夥人在喝光水後，Lisa的先生要所有的孩子都接一瓶山泉備用。因擔心泉水中有細菌，不到最後關頭不要喝，女兒說她只喝了幾口便回到了停車場。還好，事後沒有人拉肚子。

　　我們這十來家人，除了小王，沒一家有登山經驗，算不清該帶多少水，最糟糕的是忽略了加州山區沙漠型氣候的酷熱。那日我們足足走了十一英哩路（約十八公里），登高一千六百七十四英呎，來回九個鐘頭，實在是意料之外。我們何其幸運，有小王這樣的朋友，他年輕力壯，兩個兒子也矯健，一家人從容來回。他最早回到停車場，擔心其他的團友有困難，守在那等候，見一批批人回來都渴到不行，逐提了桶水一路去接應大家。他的義舉，令人感動。

　　我實現了登山夢，也體驗了行走原始山林的甘苦，有了這次的經驗，尋常小山已難不倒我。但如要我挑戰更艱難的山路，我的答案絕對是「No」！

──原載《世界副刊》，2013年8月3日。

登高覓五湖──優勝美地另類攬勝

　　有位好友曾告訴我，她的老闆綽號「優勝美地先生」，因為他的口頭禪是「假如我不上班的話，我就天天在優勝美地了」。說著，我們相視會心一笑，互道：「誰不希望天天在優勝美地呢！」

　　優勝美地南北縱橫三千零八十平方公里，範圍十分廣大。它稱得上是塞拉內華達山脈之珠，美國最高的瀑布，塞拉山裡最美的草原、山峰、河流、湖泊都在這一塊地方。許多加州人，每年都要去一趟優勝美地度假。公園有四個入口，從矽谷去，多半走120號公路從西北邊的Big Oak Flat入口。車一開入它的景區便是滿眼風光，無處不美，無處不秀。順著Big Oak Flat路往南走到隧道口的觀景台，往山谷中望去，翠綠的杉樹林外層巒交錯地拱著Half Dome。那座半穹頂很像一顆大仙桃，它是優勝美地的地標，也是最有名的一景。

　　過了隧道，山路順坡而下就進入四面都是千丈絕壁的優勝美地莫塞河谷（Yosemite Valley）。如果不順著Big Oak Flat往南，而是向左轉入Tioga Road，則會通往山頂上的高原。大約開一個鐘頭，經過Tenaya Lake就會來到九千英尺高的大草原──Tuolumne Meadows。

圖奧勒米（Tuolumne）大草原

　　Tuolumne的風景比優勝美地谷又更加秀麗。暑假中，山谷中的溫度常在華氏百度左右，但草原上很涼爽，不過七十來度。由於山高路遠，又沒有可供住宿的客棧，一般的旅遊團，絕對不會到那裡去。要在那裡過夜，只能露營。營地設備很差，一區可容十幾座帳篷的營地只有一個自來水龍頭，還不准在那洗碗盤。有洗手間但沒浴室，若不懂基本的野外求生技能，連在那露營都生活不下去。正因如此，那裡的遊客不多，可讓人真正體會在野外求生的種種趣味。

　　草原上有條美麗的圖奧勒米河貫穿而過。河水不但清澈見底，更因河底的石塊或河床岩層的顏色不同而產生不同的色彩，恍如一條五色河。草原上，芳草鮮美，野花爛漫，麋鹿飛躍，隨處皆是原生態的樸拙風光、自然、絕美。

1	2	3
4	5	

1　Yosemite Half Dome
2　Yosemite Valley草原
3　圖奧勒米河之一角（楊先慶攝）
4　草原鹿蹤（楊先慶攝）
5　圖奧勒米草原上的夕照
　　（楊先慶攝）

　　草原的海拔接近三千公尺，草原四週有多座三千公尺以上的高峰，有的尖如教堂尖頂，有的圓如饅頭，造型各異，風景大有可觀。因為海拔高，再加上亂石崢嶸，植被生長不易，山峰都是光禿禿的，或僅有少數稀疏的瘦小樹木，景致有種蒼茫與遺世的美感。草原的日出與日落都很美。由於此地群峰環繞，當太陽落在西面的山頭時，半天彩霞，照得附近的山頭與河水一片霓霞。而霞光反射在東面山坡上，一抹淡淡的金光流動著，亦是熠熠生輝，煞是好看。

　　千萬年前，優勝美地原是覆蓋在冰雪之下。最後一次的冰河期，驟然融化的洶湧雪水衝刷掉了山上的泥土，洗出了一座座的白岩山峰，切出了優勝美地河谷，衝掉了半座山峰切成了現在的半穹頂。如今這偌大的山區中，到處可見冰河遺跡，山坳裡星羅棋布許多小湖泊，多半都是冰河時期，大水退去後的遺跡。草原上有許多條登山小徑，可以爬到山頂上去尋訪美麗的高山湖泊。今年的國慶節，我們在草原露營四天，爬了五座恍若人間瑤池的高山湖。幾天來都在三千公尺以上的山徑上行走，對自己能征服自然，觀賞美景，深覺歡欣無比。

大教堂峰的上下兩湖
（Cathedral Upper and Lower Lake）

　　大教堂山因它的山峰形狀似尖頂的天主教堂而得名。山峰附近有兩座湖泊，地理位置較高的稱之為上湖，較低的稱之為下湖。從營區可坐巴士到登山入口，從入口到上下湖的分叉點（三叉口）來回七英哩。三叉口到上湖來回一英哩，到下湖也是來回一英哩。如果兩個湖都去，來回一共九英哩的路程，登高一千五百英呎，加上環湖賞景起碼得走上十一英哩的

路。攀爬教堂山湖，算是頗具些挑戰性的。

　　我們一團三十多人來露營，願意挑戰教堂山的只有八人，三老五少，由在史丹佛大學唸研究所的海倫帶隊。從大草原的入口上山，一路都是上坡路。山路很窄很陡，許多路段根本無路，須從亂石堆中去找可以落腳之處，舉步甚是艱難。走不到半小時，我已氣喘不已體力不支跟不上隊伍，遂請其他六人先行，不必相候。海倫叮嚀到了三叉口，千萬要看清路標，那裡有條長五英哩，通往另座山頂露營區及森林巡邏站的山路，若走錯路迷失山中可就不堪設想了。老公陪著我慢慢爬，好在路旁常有倒下的巨樹或大岩石，走累了便找個天然木椅或石凳坐下休息。山路上野花處處，常見岩石縫隙中迸出一片或紅、或黃、或白、或紫的美麗花朵，坐在路邊欣賞野花，那種恬靜的愉悅感，真很難以筆墨來形容。一路上見好到幾批馬隊，原來是運輸各項補給品到山頂營地的交通工具。那馬隊僅由一位騎警帶著五六匹馬，我們見到的都是回程馬隊，扛著空紙盒與一袋袋的垃圾下山。看了令人動容，原來寧靜的大山背後有這樣一群辛苦的工作人員，將它維護得整潔但仍不失自然。

　　我們走走停停，抬頭忽見大教堂山尖尖的山頂出現在眼簾。回頭往山下望去，只見遠處溝壑縱橫，一座座奇形怪狀的白色石頭山層層相疊，天寬地廣卻仍不失秀麗。山高風大，耳邊如海浪聲的松濤呼嘯不斷，深深體會到「萬壑松風」的高妙意境。又走了一段路，忽然聽到泉水聲，只見路旁的岩石下冒出一股泉水形成一輪漩渦，汩汩湧出的泉水積成一個小小的潭，那潭水順著山溝一路往下流去。哇！這可是真正的山泉呀！又清又涼，我決定回程時裝瓶泉水回家煮茶。

　　又翻過一座山，總算到達三叉口，我們決定先去尋訪上湖。繼續往上走，山路更為險峻，但因四週環境很美，卻也不覺辛苦。爬到山頂出現

一片草原，遠遠看到草原盡頭有一池藍汪汪的水，上湖到了。湖不大，湖旁的白石山與松樹林襯托著清澈的湖水，令人感覺高山上的湖與一般尋常湖泊確實有不同的味道。這裡人煙絕跡飛鳥無蹤，山分外明水分外秀草分外綠，靜謐清幽，人在這樣的環境中不知不覺地對造物者生出無限的感激之情。

　　戀戀不捨的離開上湖，下山去尋下湖。下湖在三叉口往西的山谷裡。雖是下坡路，卻更難走，除了亂石嶙峋還須涉水越過數條小溪。幾番驚險，下到谷中，眼前出現了好大一片廣袤的草原。草原上縱橫交錯著許多小小的溪流，很像我去過的青藏高原上的景致。橫過草原，是一片白岩平地，從來沒有見過那麼大片那麼光滑的岩石地面，地白如雪寸草不生，堪稱奇景。走到岩石上才看到岩岸之下的湖水。我們不由驚呼：「下湖比上湖更漂亮」。下湖至少有上湖的兩倍大，它三面環山，每一面山峰的姿態各異。湖水在群峰之間蕩漾，山光水色，與上湖相比又多了幾分靈秀。谷中因地勢較低，四週林木茂密，時見飛鳥穿梭，令人心情更加雀躍。由於

1	2
3	4

1 山上運送物資的馬隊　　　**3** Cathedral Lake下湖草原
2 Cathedral Lake上湖　　　**4** Cathedral Lake下湖戲水者

湖水較溫暖，竟有多人在湖中游泳戲水。我們與戲水之人打招呼，羨慕他們的悠游自在，也互讚這裡的風景之美。難怪一般登山客都直接到下湖，去上湖的人非常少。但我認為上下湖各有特色，既然上得山來，上下兩湖都值得一遊。

　　黃昏時候，天光漸暗，湖上銀波粼粼，我們雖想多盤桓一會，卻不得不趕在天黑前下山。回到營地，已是晚上八點，自早上十一點出發，我們竟走了九個鐘頭。

伊莉莎白湖（Elizabeth Lake）

　　次日我們決定去爬伊莉莎白湖，海倫一行人要去挑戰來回十五英哩的停雲峰，其他團友都只想在附近走走，於是只有我們夫婦兩人披掛上陣。伊莉莎白湖的入口就在營區裡，出了帳篷走沒幾步就是入山口。從營區到湖邊來回六英哩，登高約一千英呎，算來要比前一日輕鬆多了。這條登山路不熱門，我們走了半天，一個人影也沒見到，這一處的山頂沒有巡邏站，所以也沒有馬隊行走。

　　這條山徑的風光與昨日大不相同，雖亦是攀高小徑，但坡度較平緩，相對起來比昨日好走多了。兩旁綠林幽遠，林蔭遮天，野花更繁茂。不同的山區，連野花的種類也不同，這裡有一種野生的吊燈花，橘紅色的花瓣好似吊著的燈罩，黃色花心似盞小燈泡，豔麗異常。沿途許多奇岩怪石，都很好看。有一形狀很像濟公僧帽的巨石，特別有趣。

　　翻過山頭忽聽到潺潺水聲，一條小溪淌過山谷，此時依山傍河，風光比昨日旖旎綺麗。小溪之水清澈見底，溪中三五零落的散布著岩石，溪流蜿蜒轉折，河床高低不平並布滿各色石頭，溪水流蕩衝擊出串串小水花，

逸趣橫生。好幾處我們都須踏著河中的岩石過河，又別是一番滋味。

順著溪流走進一青山翠谷，終於看見了碧綠的伊莉莎白湖。令人驚訝的是，這裡比昨天的兩座湖更美。它與下湖差不多大小，但湖邊的樹更多，草更綠，四週的山勢更峻。湖水在林蔭之下是綠的，在陽光之下泛著不同色調的藍色或金黃的光澤，這時的湖水真是怎樣一個「美」字了得。時已正午，我們坐在湖邊野餐，這時才見到遊客三三兩兩地也來此野餐。在這樣的環境中野餐是真正的享受，空氣純淨得沒有一絲人間煙火，環境美得恍若人間仙境，坐在湖邊那種悠然與世無爭的感覺真是無比的美好。

回到營地不過下午兩點，這一趟來回花了五個鐘頭。我原納悶伊湖是我這幾日見到最美的湖泊，為何遊人特別少？後來才知它的距離不長不短，喜歡登山的人嫌它挑戰性不夠，登山經驗不足的又嫌它太遠，因此它成了幽居在空谷的絕代佳人。

1	2
3	4

1 伊麗莎白湖登山小徑旁的吊燈花
2 僧帽石
3 伊麗莎白湖一角
4 清晨的 Gaylor Lake（楊先慶攝）

Gaylor Lake

由於時間尚早，我們小睡一會，恢復體力後，決定再去爬Gaylor Lake。此湖的入山口在公園東面出口（Tioga Pass Entrance）前的停車場旁，從營地開車過去大約十五分鐘。爬到山頂一英哩路，加上從山頂下到湖區的一段路，來回總共三英哩，登高五百英呎。這樣的路況，很適合一家人扶老攜幼登山健行，路上遊人較多，人聲童語，一路頗不寂寞。

爬到半山，豁然明白Gaylor Lake為什麼這麼有名？原來這裡的視野非常好，半山上可以看到塞拉山脈上的多座高峰，包括優勝美地第二高峰黛娜山（Mt. Dana）。黛娜山谷中的多座湖泊，在此一目了然。黛娜山高一萬三千多英呎（三千九百七十九公尺），接近玉山的高度。優勝美地第一高峰Mt. Lyell高三千九百九十七公尺，與玉山等高，但它隱藏在重山峻嶺中，那裡無路可走，也就看不到了。

越往上爬，視野越廣，爬到山頂，更是天寬地闊，三百六十度的景觀都在眼底。山的後面是另一座寬大的山谷，Gaylor Lake靜靜的躺在山谷中。湖不大，一面傍山，三面都是草原。草原上雖亦是野花遍地，可惜樹少缺了綠蔭，整座湖暴露在陽光之下，加上湖水波平如鏡，看來單薄單調，沒有前面三座湖美。這山頂上是看日出的有名景點，我們的小領隊海倫昨日便與她叔叔楊先慶一家人在清晨五點到此等日出。小楊有套專業攝影器材，傳回之湖上倒影，美如夢幻。站在山頂，才知登山客來此多半醉翁之意不在湖，而是來賞景攬勝的。

「夕陽度西嶺，群壑倏已暝。」又是一日將盡，為了安全，只得快速下山。一面心中讚嘆，這座湖雖並不算太美，但這裡的景觀仍有它與眾不同的特殊之處。

五月湖（May Lake）

　　第四天拔營回家。開回舊金山灣區僅需五個鐘頭的車程，我們計劃在晚上八點以前趕到家，於是決定再去爬來回僅二點五英哩的五月湖。

　　從Tioga路往回程開，過了Tenaya Lake不久便來到入山口。山道旁橫著一座水中聳立許多巨石的小潭。或因潭太小，水波不興，潭中樹影石影與天光交錯成五顏六色，像是幅美麗的水彩畫，此地風光又與前幾日所見大不相同。整座山全是雪白的花崗岩，但石頭縫中竟能長出參天巨木，許是這裡的海拔比我們的露營基地低，氣候較溫熱之故。腳下步步踏在天然的石板路上，有些路段一旁是壁立的山崖，一旁是亂石山陂，雖奇險難走，卻是一步一勝景。途中見到好幾隻金毛松鼠，牠的體型比一般松鼠大很多，是這一帶特有的珍稀動物。可能因此地的松子特殊，氣候適宜才孕育出這樣的異獸。爬到高坡，遙見酷似一隻臥虎的哈夫曼山峰（Mt. Hoffmann）。回頭望去，發現身後的野色再無山丘阻隔，不但Tenaya Lake看得一清二楚，遠處的停雲峰，甚至Half Dome的背面亦遙遙在望，這裡雖然只有一百八十度的

1	2
3	4

1　金毛松鼠
2　登五月湖遙望Tenaya Lake
3　五月湖一角
4　五月湖

視野，卻有極目萬里江山的氣勢，難怪來爬五月湖的人還真不少。

　　爬到山頂，居然進入了一座山谷，五月湖便藏在谷中。這湖旁有一片露營場地，還有幾間木屋，野餐桌，廁所等設施，是我們爬過的五座湖中唯一有公共設施的地方。來這裡露營的人，需要把車停在山下，背著帳篷用具步行到此。我沿途看到好幾家人全家大小個個背著巨型登山袋，即使三尺孩童背著一大袋東西也走得臉不紅氣不喘。我不由心中佩服，看他們步履的輕鬆之狀一定經過長期的體能訓練，也不難看出這些人對野外生活的高度熱愛。

　　走到湖邊，我又忍不住驚嘆，湖就在哈夫曼山腳下，一面依山，兩面是樹林，一面對著谷口的草原，靠近山的湖水藍得像寶石，靠近樹林的湖水綠得像翠玉。湖邊許多大石，我們坐在石上，將兩腳泡入水中，拿出野餐礦泉水，戲水賞景用餐。湖水清澈澄明，湖底的亂石彷彿跳出了水面，草地上野花迎風搖曳，幾隻藍樫鳥在樹叢中飛上飛下。此時讓我想起菜根譚「得乾坤清純之氣，識宇宙活潑之機」的句子，這裡不就是這樣的意境嗎？

　　優勝美地千峰百湖，每一處都有不同的面貌，四天來我們不過走了它的一小部分。來過優勝美地五次，以前都是住在山谷中，竟不知山頂上別有洞天。我們一連爬了三天的山，走了許多路，不但破了平生記錄，更有大開眼界之感。

——原載《世界週刊》，2013年10月27日。

1、Tuolumne Meadows區域僅在夏天開放，大約從6月中到9月中。
2、露營場地需在半年前預定，車子可直接開入營區，Tuolumne的每座營地旁都有停車場。
　 預定電話│(877) 444-6777
3、優勝美地網址│www.nps.gov/yose/

攀岩越嶺──城堡岩公園險路重重

　　舊金山灣的南端，有一條聖塔克魯茲山脈（Santa Cruz Mountains）。由於靠海近，受太平洋暖流與海上霧氣影響，山中四季溫和，終年峰青谷翠，霧起雲湧，頗多勝境。其中有一座城堡岩州立公園（Castle Rock State Park），因有多處似城堡的巨岩怪石而得名，那裡坡陡路險，景觀至為特殊。

　　城堡岩公園面積很大，佔地五千兩百四十二英畝，連綿好幾個山頭。公園裡有許多山道，可供遊客爬山健行。若從入口處走環山步道，繞一圈下來約六點七英哩，也就是十多公里了，由於山道起伏不平，並不好走，大約要走上三個多小時。公園的入口處在山頂之上，從入口處進入登山步道，一開始乃是走下坡之路。山路兩旁，老樹蔽日，即使在夏日，也非常涼爽。入山不久即會碰到一條小溪，溪水清冽澄明，水聲潺潺伴著登山的你，愉快地邁開步伐。

　　沿著小溪一路往下走約一公里，有一寬敞的觀景台。台下是百丈懸崖峭壁，大片凹凸不平的山壁插入崖下的一片樹林中。小溪流到此處成了懸河瀉水，沿著山壁一分為二，像兩匹白練貼著崖壁輕飄飄地垂入懸崖之下。這條懸河即是城堡岩瀑布（Castle Rock Falls），不過稱它做瀑布實在有些不合適，這片斷崖的上部與河面成大於直角的斜坡向下，到了半山又有部分凸出再折彎向內延伸至谷底，由於崖壁並非垂直而下，那溪水也

就彎彎曲曲的向下落去，而無法形成飛流直下的氣勢，頂多只能稱做一條
山泉。但在英文中，自山頂往下瀉的水不論大小都叫「Falls」。瀑布雖小，
但巨大險峻的崖壁卻很壯觀，崖下綠林幽谷，崖上曲徑通幽，山鳥鳴轉與此
起彼落的水聲交奏出天然音籟。人立台上，自然會產生出一片歡喜之心。

　　自城堡岩瀑布繼續往前走，山路不寬但起伏不大尚稱平坦，山路沿著
山壁有漸漸向上攀高之勢。轉過一個山頭，視野突然開闊，原來自己站在
高山之上，眼前層巒疊翠，天藍得似藍色水晶，遠處白雲繞著山頭，一動
一靜，皆是自然美景。抬頭又見山頂上有一似老鷹的巨岩，懸在山壁上，
更為此地風光增添特色。

　　再轉過一個山頭，又多為下坡之路，一路上岩石擋道，並不好走。路
面上有多處須從兩塊巨岩中穿過，有的巨石隙縫很窄須側身而過，還有巨
岩疊成的天然石洞門，穿過洞門，詫然發現別有洞天，甚為有趣。

1	2	3
4	5	6

1　Castle Rock公園一角　　4　坐看層巒疊翠
2　老鷹岩　　　　　　　　5　層巒疊翠
3　亂石山徑　　　　　　　6　岩洞門

1	2	3
4	5	

1 岩石山徑
2 峭壁險路
3 攀岩人自山羊岩崖頂滑落

4 枯木門
5 攀岩過山口

　　下到半山，山路又開始往上，許多地方都是貼著陡峭的山壁往上爬的險路。更有許多地方全是大大小小的岩石，根本沒有路，須攀著岩石爬上山頭，再攀著岩石一級級往下跳，才見柳暗花明，又出現一條小徑。好不容易攀岩越嶺，疲憊不堪，偏又碰到一處棧道，山路開在峭壁之上，石壁上用錨釘拉著一條鋼纜，不拉著鋼纜是爬不過去的。但仍得小心謹慎慢慢爬過去，否則稍不留神便有墜落山谷之危。

　　爬過棧道，路上雖仍是巨岩亂石，但已沒那麼驚險。途經公園中最有名的山羊岩（Goat Rock），巨大的岩石上有許多大大小小的岩洞，遠遠看去像一大塊羊乳奶酪（Goat Cheese）。山羊岩是非常受歡迎的攀岩地點，時常有熱愛攀岩之人在那用特技式的攀岩技術爬上岩頂，再自山頂抓著繩索像自由落體式的直線落下，在旁觀看者，無不覺得驚險刺激，替他們捏一把冷汗。

　　爬到山頂，竟然是一片平坦的小樹林，站在山巔遙望山巒起伏，仰觀陽光普照，白雲變幻，自是俗慮全消，心曠神怡。自山頂走回公園入口處僅一英哩多路，這時已是苦盡甘來，非常好走。途中有一倒下的古木擋道，枯木上長滿青苔，老樹枝椏插地，人自樹幹下樹枝間穿過，別是一番趣味。

城堡岩與臺灣北部的黃帝殿，有幾分相似之處。集登山，健行，攀岩，賞景於一處。公園中除了瀑布上方的觀景台，及棧道上的一條鋼纜，就完全沒有任何一項人工設施。園中遊人不多，所以無論去到那裡，都可讓人無拘無束地沐浴於山野之中。

—— 《世界副刊・旅遊天地》，2013年6月9日。

Castle Rock State Park

15000 Skyline Blvd, Los Gatos, CA 95032
Ph | (408) 867-2952

舊金山北海岸──春郊觀瀑

加州的雨季在冬天，每年冬雨過後，旱黃了兩季的枯草，開始竄出一片新綠。枯竭了半年的河川，亦開始奔流，初春時分是加州觀瀑的最佳季節。

在舊金山以北約一小時車程的Point Reyes National Seashore，是北加州有名的海岸風景區。那一帶的海岸多是數百英尺高的斷崖峭壁，奇岩怪石，景物上大有可觀。景區裡有一上下三層的瀑布，Alamere Falls，下層的主瀑從懸崖上直接落入海中，是全美國僅有的兩座飛流入海的瀑布之

一。另一座McWay Falls，在中加州的海岸上（見前文碧海飛瀑）。

　　北加州四季如春，幾乎沒有炎熱的夏季，濱海地區終年霧大風大，海岸邊鮮有弄潮人，因此沿海多半原始荒涼，也是欣賞自然景觀的好去處。為了一睹大片水簾從未經人工雕琢的臨海峭壁上奔流入海的奇景，我於是隨著一群朋友去登高觀瀑。

　　入山口在Point Reyes景區南端的Palomarin Trailhead，這是條通往Wildcat營區的登山步道，約走四點五英里到達通往瀑布的岔路口，再走半英里才到達瀑布區，來回共十英里的山路。

　　初入山的山道很寬，坡度不大，非常好走。走約一英哩，爬上一小山崗，迎面一片大海躍入眼簾，居高臨下，遙見海天一色，碧波白浪，蜿蜒的海岸線延伸到天際，視野十分壯闊。沿著海岸往北走，轉過一灣又一灣，翻過一山又一山，山路漸窄，坡度也稍有增加，這時又漸漸地迂迴走入山林中。山徑兩旁開始出現一排排的遮天大樹，兩旁樹的枝葉相互交錯形成天然的綠蔭隧道。隧道過了一個又一個，有的隧道很長，綠蔭之下光影迷離，幽邃深遠，好似夢幻祕境，實是天然美景。

1	2	3
	4	5

1 豐水期瀑布－取自維基百科
2 沿海的山路
3 綠蔭隧道
4 Bass Lake
5 懸崖峭壁

　　途中經過一座Bass Lake，小湖四周被茂密的樹林包圍，深隱山中極
其安靜。湖水澄明如鏡，一束天光破雲而下散成一片光雨，湖面上樹叢倒
映，雲影徘徊，白鷺來去，環境清雅秀麗。

　　通往瀑布的入口非常窄小，與主要山徑呈垂直狀，雖然道旁立有路
牌，若眼睛只顧往前看，一不注意，便很容易錯過。這是條僅有一人肩寬
的羊腸小徑，兩旁是高過人頭的樹叢，有些路段甚至得披荊斬棘撥開樹叢
才過得去。穿出叢林，眼前豁然開朗，一大片空曠的沙岩山崗下就是沙灘
大海，崗上起伏不平，有多處風化巨岩，有些遊客各據山頭，坐在岩石上
野餐看海。走到山崗邊緣，發現往下走的路非常驚險，百尺高的峭壁上，
沒有階梯，只有一條很陡的之字山凹，我小心翼翼扶著山壁往下爬，一轉
出山凹，就見到了瀑布。這是上層瀑，二十英尺高。今年加州雨水少，只
有三條水柱。往年豐水時，應是一片水簾。瀑布雖小，但那流泉清潭仍是
很美。潭水自缺口往外流成一條小河，河水穿過野草沙礫往高台下一階階
的流去，形成中層的喀斯特瀑布。瀑布落下後再往更下層流去。順著水流
終於來到下層的懸崖邊。這處懸崖更加驚險，有兩處幾乎是九十度的山

1　煙霧瀰漫的海岸
2　爬坡攀岩下海灘
3　Alamere Falls上部
4　Alamere Falls中段
5　Alamere Falls主瀑

壁，連一塊可落腳的凸岩也沒有，許多同行的團友包括我老公在內都不願冒險下去。走到此處，豈可有始無終，我扶著山壁當溜滑梯般地慢慢滑了下去，弄得全身灰塵，心驚膽戰？

　　下層主瀑果然壯觀，瀑高雖然只有四十多英尺，但多條寬窄不同的飛流瀉下，飄飄忽忽，非常好看。海邊的浪潮洶湧，一波波的白浪越打越高，霧氣也開始升起。領隊擔心漲潮危險吆喝大家快撤。我趕緊跟著領隊往回走，最驚險的一處峭壁，即使是人高腿長之人，也要靠下面的人用力推與頂才爬得上去，他先上去後，再將我們一個個往上拉。這就是團隊合作之功，否則憑一己之力是非常危險的。

　　回到高崗上心有餘悸，聞說雨水足時，主瀑是寬達四十尺的大水簾。今日水量雖不夠大，但為觀瀑挺而走了一次險，已感此生足矣！

　　回程時霧越來越大，海岸上煙霧彌漫，遠山在虛無飄渺間。這時的沿途景色，比早上來時又更加迷人了。

——原載《世界副刊‧旅遊天地》，2014年2月23日。

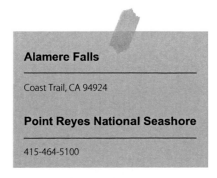

Alamere Falls

Coast Trail, CA 94924

Point Reyes National Seashore

415-464-5100

山高水長──春遊北灣登山觀群瀑

　　舊金山本身就多山，過了金門大橋往北，山丘綿延銜接天馬佩斯山（Mt. Tamalpais）。天馬山最高峰雖只有兩千五百七十一英尺，但登上峰頂卻可以一目了然地看到整個舊金山灣，海灣的幾座跨海大橋及舊金山市裡的高樓大廈都在眼底。極目向東，可遠遠望到一百五十英里外塞拉山頭的積雪。山中紅木成林，橡樹成行，山青谷幽，來此登山健走，呼吸新鮮空氣，已是享受。但來到山裡最大的目的，還是觀賞卡塔瑞克特河谷的瀑布群──Cataract Falls。

　　Fairfax小鎮離舊金山不到半小時車程，從鎮上的主要道路Bolinas Rd進山，開7.8英里即到達Alpine Lake。此湖是一蓄水庫，開過水壩橋便是登山口。將車停在水庫邊，爬上山頂大約來回兩點六英里的山路，登高一千五百英尺。山路雖然不算長，但多段山路甚為陡峭，再加上為看每個瀑布，都要下到溪邊，爬來並不輕鬆。

九座飛瀑，姿態各異

　　卡塔河自山頂，一瀉而下，隨著山巒起伏與層層下降，形成許多個大大小小的瀑布群。從山下到山頂，沿著溪谷往上爬，一路上有數不清的瀑布，隨處可見水簾從天而降。其實只要有落差的跌水，都可稱瀑布（Falls）。如要依照瀑布的定義一個個去數，這裡的瀑布就真是數不清

了。許多層層疊疊的瀑布，雖每一層間多少有點距離，但遠遠看去只能算一個疊泉式的卡斯特瀑布（cascade）。山谷中有許多小流泉自溪旁山坡上流下，匯流至主河中，由於水流量不夠大，也不能算瀑布。依官方網站嚴格劃分，則有九座瀑布。

這幾年加州雨水不足，卡塔河的水量大不如前。幸喜上週連下了三天雨，我們趕忙於週末上山看瀑布。雖已是四月天，山區一雨便成冬，清早上山，真個春寒料峭。幸虧爬山運動量大，不久太陽昇高，漸漸溫暖，反倒出起汗來。

沿著卡塔河往山上走，一入山就見路旁有一疊泉瀑布，落水層層相疊，流下清澈溪水，激蕩出無數小水花。後來才發現這樣的疊泉實在太多了，在此地不足為道。走沒多久見到第一座瀑布，站在瀑布旁感覺四面八方都是水，山上下來的水，猶如銀河瀉落，

1	2	3
4	5	6

1 兩片水簾從天而降
2 三泉匯流
3 第一座瀑布
4 兩瀑相匯
5 三疊泉
6 向字型瀑布

七折泉

溪谷兩旁也有好幾股水流匯入，嘩啦啦的瀑布聲，驚濤拍岸，這樣的景觀，看著看著怎能不愉快、不豁達呢？

　　再往上爬，只見上前方的樹林掩映中水光閃閃有大片水簾晃動，水源源不絕而來。接下來有七折泉，向字型瀑布，三疊泉等。有一大瀑布旁，一條小瀑細細弱弱的流淌下來，好似大漢遇上一嬌弱女子，亦甚為有趣。九座瀑布，姿態各異，造就了北舊金山灣一處與眾不同的獨特風景。

1	2	3

1　粉紅酢醬草
2　三葉小紫花
3　野生勿忘我

溪畔野花嬌美可愛

　　由於溪谷溼潤，孕育多種野花。粉紅酢醬草，白色芥花，一片片的開在溪畔。還有一種異草三葉小紫花，三大片綠葉拱著小花，三三兩兩地開在岩石邊，十分可愛。

　　最令人興奮的是，一路上看到很多藍紫色的勿忘我（forget-me-not）。勿忘我喜濕，向來生長在河邊。傳誦千古的淒美傳說，就是中古

4	5

4　山間小鎮 間適風光
5　大排長龍的冰淇淋店

世紀的騎士與愛人在河邊散步，為愛人摘水邊小花，因頭盔太重，不慎跌落水中，滅頂前奮力將花擲向岸上情人並大叫：forget-me-not。此花因而得名。

　　勿忘我雖是小花，但聚繖花序一軸多花，並不單調。藍花白心，色彩淡雅，嬌弱中不失秀麗，非常討人喜愛。沒想到觀瀑之餘，又有賞花之樂。

山間小鎮，閒適風光

　　下山之後，我們順道至Fairfax鎮上走走，觀光小鎮，居民人口約七千五百人。鎮上西班牙式的建築風格，古意盎然，但色彩鮮艷，有些牆上還繪有彩色壁畫，或是為招攬觀光客吧！小鎮只有一條主要街道，路上行人幾乎都牽著一條狗，一派閒適風光。

　　街口有家咖啡店，登山體力消耗大，我們便入店吃點心喝咖啡，店裡布置鄉土，很有特色，但咖啡及點心則很一般。離開咖啡店，見一家冰淇淋店，大排長龍；我們好奇買來一試，確實濃郁夠味，非常好吃。

　　天馬山的登山客下山後，多在這裡小憩。鎮上多畫廊，餐館。餐館中，多有歌手彈唱，場面更是歡暢快樂。看到此地人的悠閒生活，不能不讓南灣生活在緊張忙碌中的矽谷科技人羨慕。從矽谷開車到此只需一個多鐘頭，利用週末到這裡輕鬆一下，的確是不錯的主意。充充電，然後再去迎接新的一週。

——原載《世界副刊·旅遊天地》，2015年6月7日。

舊金山科特塔，撫今追昔

　　好萊塢描述未來加州大地震的電影San Andreas，男主角駕駛直昇機為救身陷舊金山的女兒，約女兒到的Coit Tower（科特塔）會面。且不管電影的誇大與視覺效果，Coit Tower確是舊金山的地標之一，值得一遊的景點。

　　科特塔位於舊金山市中心電報山（Telegraph Hill）之巔的先鋒公園裡，塔高六十四公尺，圓柱形的造型，白色的鋼筋水泥，設計簡單大方，屬於裝飾藝術風格（Art Deco Style）。建於1933年，是為了紀念消防義工科特夫人（Lillie Hitchcock Coit）而建。土地是科特夫人捐贈，建造的經費亦來自她的遺產。

1	2	3
4	5	

1　The Coit Tower
2　峭壁上的之字樓梯
3　路旁民居前的九重葛之美
4　Marchant 夫人花園
5　俯瞰舊金山灣

花園登山道，繁花似錦

　　從Battery街上山，遠遠就看到被綠樹環繞的白色圓塔擎天一柱立於山頂。小街盡頭有座之字形的樓梯，掛在懸崖峭壁上。由於坡度非常陡，爬來驚險刺激，也是一道風景。

　　爬上樓梯頂端，另有一條兩百多級的木造階梯迤邐而上。木梯右邊是住宅區，一棟棟的小樓依山而建，每戶人家的門前皆種滿鮮花。一戶紅磚小樓，整片屋牆上爬滿了九重葛，一大片紫紅，豔色生輝非常耀眼。階梯的左手邊，順著山坡規劃成一座花園。花園裡玫瑰、扶桑、繡球、曼陀羅、美人蕉、薰衣草、金銀花等，各色花草品種繁多開得七彩爛漫，竟是賞花的好地方。園中曲徑通幽，豎有雕塑點綴，經營布置頗為用心。道旁立有一紀念碑，感謝Grace Marchant夫人的功德。M夫人於1949年搬來此地，當時的居民把山坡地當做垃圾場。夫人搬來後，每天默默地清除垃圾，種植花樹，一點一滴地耕耘了三十年。將兩畝多的垃圾山整理成一座美麗的花園。她的義舉把左鄰右舍都感動了，大家逐一起分擔費用來維護花園。到1986年，經過媒體報導，加上社區義工及官方的努力，鄰居們得以有機會募款集資，讓花園能得到更妥善的的維護與發展。有了經費後，居民透過信託管理將花園捐贈出來做公開保留地，從此觀光客可以自由地在園中賞花散步。

先峰公園，避暑勝地

　　走出花園到達電報山頂，先鋒公園（Pioneer Park）的入口就在小徑盡頭，科特塔巍然聳立於前方。酷暑三伏天燥熱難免，這裡清風徐來，十

分涼快。許多人來此避暑,草坪上不少遊客,或站或坐或臥;他們享受著涼風,一副悠閒之態。

　　繞到塔前,舊金山的海灣美景盡在眼前。一尊碩大的哥倫布塑像面向著舊金山灣立在白塔前方,以紀念他發現新大陸航海開拓的先鋒精神。塔樓四周,花木扶疏,山坡亦有登山小徑,可供人一路賞景健行,舒活筋骨。

塔內壁畫,記錄大蕭條歷史

　　白塔底樓大廳的粉牆上全部繪滿壁畫。1933年初建之時,由兩位藝術家Ralph Stackpole and Bernard Zakheim領導舊金山藝術學院的學生創作而成。當時正值美國的大蕭條年代,壁畫確切的記錄了那個年代的生活狀況。壁畫從淘金熱潮期的淘金客在河中淘金,加州的工業發展,農業產品到城市生活都有生動的描繪。

　　描寫城市生活的壁畫中,街上人潮洶湧,車輛往來。警察忙於指揮交通,郵差取信。壁畫中央畫著一起車禍,右下角強盜持槍強劫。城市中的紛亂擁擠,問題災難盡在圖中。小小一座白塔,裡面大有可觀,足可讓人徘徊半日。

塔頂視野,三百六十度

　　塔內有電梯可直通塔頂,塔頂上居高臨下,三百六十度的視野,可盡情觀賞整座舊金山的風景。舊金山城市裡的美麗建築,海灣裡的白帆遊艇,惡魔島與天使島,海灣大橋與金門大橋等,皆能一攬無遺。

　　登高遠眺,我一面臨風觀景,一面追念M與科特夫人的生平事蹟。科

1	2	3
4	5

1　描繪淘金客的壁畫　　　4　登高下望
2　塔內壁畫之局部－加州農業　5　遠望舊金山市區
3　城市生活壁畫

特夫人十五歲時就當消防救火志工，終其一生都在致力維護社區的安全，死後又將所有財產捐贈公家。M夫人以一己之力，清理垃圾，除草墾地，自掏腰包種花。因為有她們，才造就出這一片美麗的環境。

　　人活著時能盡一己之力，利益眾生，活得燦爛，死又何憾！白塔如玉般高潔，兩位夫人的義行感人至深。蒼天有知眷顧善心，即使那預測的未來大地震真會發生，相信白塔精神永存，保佑它永遠屹立不倒！

　　　　　　　　　　　——原載《世界副刊‧旅遊天地》，2015年9月6日。

輯四

楽

在矽谷

金門崗的馬賽克階梯

　　崗巒起伏的舊金山市區，階梯是連接崗上與崗下的道路。由於山崗多，市內的階梯也多。為了美化市容，許多階梯都經過特殊設計，造型與建材上多有變化，以達美化環境的效果。所有的階梯之中，最享盛譽的當數金門崗的馬賽克階梯（Mosaic Stairs）。五顏六色的馬賽克拼花階梯美得讓人不敢置信，它也是三百位居民的心血結晶。

　　金門崗座落於日落區，位於十六街（16th Ave），面對太平洋，背倚著舊金山灣。車子開上山崗，將車停在路邊，可步行至階梯口。站在山坡上，放眼四週皆是依山而建的小樓房，舊金山的住宅屋多是新移民式，間或有維多利亞式，從上往下看，各式各樣各種顏色的建築盡在眼底，非常有趣味。遠處藍天碧海，白帆數點，海闊天空之下，縱有千般煩惱，也定然拋諸腦後。難怪當地居民在此建造五彩樓梯，我想，住在此地的老百姓們，一定非常熱愛他們的社區。

　　金門崗上的樓梯共有一百六十三個台階，呈三十五度左右的斜坡向上延伸。五色繽紛形狀各異的小小瓷磚拼湊出一條彎彎曲曲的錦繡彩帶，通到上端的月亮，再通到頂端的太陽。起點處以藍色為底，鑲嵌著各類海水中的生物，不同品種的魚類、海星、海蜇、珊瑚、貝殼、似是要營造出彩帶自海裡往上飛升的意境。接著彩帶飛入一片鳥語花香中，粉橘紅紫各色繁花，蜻蜓蝴蝶蜂鳥飛禽，一道彩帶飛舞在美好的大自然間，再飛向青

天，飛上日月星辰。這道樓梯被裝飾得恍如一道天梯，它欲將人們帶上天堂，帶往極樂世界。雖然這樓梯不是天堂之路，卻是通往Grand View公園之路。

這梯階由Aileen Barr與Colette Crutcher兩位藝術家共同設計，帶領著三百位居民自2003年1月開工，直到2005年8月才完成。其中有兩百二十位居民，捐贈手工製作的各種魚貝、動物、花、鳥等瓷磚以點綴這道階梯，並增加它的變化與藝術美感。藝術家與居民們都是義務工作，再加上各界人士，出錢出力，才完成這項工程。竣工典禮當日，除了附近居民傾巢出動外，舊金山市長與各界政要都到場剪綵。當地居民並安排了舞龍舞獅及不同族裔的民族舞蹈以示慶祝，鑼鼓喧天熱鬧非凡。

踏上馬賽克階梯，就好似踏上了一匹彩絹，彩絹將你由海底世界帶到美麗的花園中，你不知不覺，忽然就飛上藍天，一灣上弦月便出現在眼前。美麗的月亮環繞著一圈皎潔的白色光暈，四周布滿了大大小小的繁星。走過月亮，迎面便看到光芒四射的太陽。爬到頂上，回首來時路，迢遞中原是一片錦繡。或許這也是兩位藝術家，當初在設計階梯時的特別用意。希望人生的道路能像這道彩帶一樣，一路走來難免崎嶇艱辛，尤其往上攀爬時更是勞累。但是，如果能抱著樂觀的心情，勇往直前，努力不懈，心中時時不忘感謝大自然的恩賜，惜取身邊的美好事物，珍惜友誼親情，等爬到盡頭時自會感覺沒有白走一遭，人生原來是多彩多姿的。

爬到階梯的頂端，要通過另一之字形的樓梯，才能爬到山頂的公園。這座以好幾個之字形連結起來的木造樓梯也很有名，設計上亦用足匠心。在公園之巔俯瞰舊金山市區，瓊樓玉宇皆在腳下，金門大橋不過一拇指高。彷彿「登泰山而小天下」，爬上山頂，自有凌虛御風，睥睨宇宙之感，縱不是在天堂，也已飄飄欲仙了。

1	2	3
4	5	6

1　馬賽克階梯（秦晴攝）　　4　日月星辰
2　俯瞰舊金山　　　　　　　5　光芒四射的太陽
3　馬賽克樓梯局部　　　　　6　之字形樓梯

　　登上山頂，由於運動過後，四肢舒展精神特別好。山風徐徐，空氣
清新，更覺神清氣爽。此時太陽西斜，照得海上一片金光閃閃，輕紗般的
白雲與初升起的霞光相映成趣。此處本是風景宜人之地，加上一道彩繪樓
梯，更讓這山崗增添了無以言喻的嫵媚。

——原載《世界副刊‧旅遊天地》，2013年8月11日。

偏西的太陽照在海上

幽居紅木森林裡

　　參天的紅木把夏日豔陽的火熱擋在林梢，只讓那溫柔的亮光灑在林間。山崖邊的野牽牛花是一片淡紫色的錦緞，林裡的山杜鵑為一片靜謐的山林布置上點點紅豔。藍色的高冠鳥在枝上飛躍，彩蝶在林間翩翩起舞。我們十多戶人家在森林裡的一大片空地上紮下了大大小小的十數個帳篷，兩張木桌上擺滿了各戶人家的拿手好菜，從來沒想到竟然在深山裡也能大開筵席。朋友陳君從他帶來的大雪櫃中拿出冰啤酒，一瓶瓶的往大家手上遞，大家碰杯開席，歡樂中早把山下的俗事、雜務、塵勞拋諸九霄雲外。

　　陳君忽道：「這裡好比我們的桃花源。」一夥人頓發共鳴之聲，大家都是平日被工作壓得透不過氣來之人，老闆令好一似軍令，永遠得兢兢業業地趕進度。避開那如暴秦的工作場所，來到這幽靜的紅木山林裡修養生息，來沉澱我們的雜慮，縱然只能逍遙三四天，然而只要身在林中一刻便能享受一刻的悠閒。

　　露營，對我來說原本是夢幻的名詞。一直羨慕在山野中紮營，撿柴生火，烤肉野餐，圍著營火玩遊戲的樂趣。但永遠被公事、家事及數不清的雜事纏身的我，卻不知要如何抽出閒情逸緻去與大自然博鬥。前年暑假，一個偶然的機緣，鄰居Lisa（麗莎）與一群朋友們結伴於七月四日的長週末去紅木公園露營，其中一家人因事不能成行，臨時邀約我們補位，外子對露營嚮往已久，欣然答應。又經Lisa夫婦指點買來各種露營配備。外子

帶著小女兒，父女倆一連跑了兩三趟，從營帳、汽墊、摺疊桌椅到煤氣燈，買得不亦樂乎。拜科技之賜，現在的帳篷，易搭、易拆、易收，非常方便。汽墊吹好，也差比席夢思，睡在帳篷中有一種窩居的溫暖。由於裝備齊全，營地設施又好，露起營來一點也不辛苦。

　　陳君夫婦是Lisa夫婦的至交，陳太太Cathy（凱西）廚藝超群，為人又熱心，露營數天的三餐全由她統籌主廚，Lisa則是二廚。會燒菜的人也懂得怎麼吃，他排出的菜單是第一天採聚餐方式，每家帶兩道拿手好菜。次日午餐包餛飩，晚上烤肉。第三日午餐包水餃，晚上吃火鍋。第四日早餐後拔營。

　　先看看我們第一晚的菜單，首先Cathy在桌上擺出自製的Salsa醬，讓孩子們沾玉米片，或洋芋片吃，另有為孩子們準備的洋芋沙拉，生菜沙拉。接著是為大人們準備的開胃小菜，有雪菜毛豆、滷水花生、茶葉蛋等，同時其他家帶來的各色涼拌菜，也開始上桌。有小黃瓜拌涼粉、涼拌三絲、涼拌西芹、素十錦、素雞、素鴨、涼麵、芝麻大餅。另外還有燻雞、燒鴨、滷牛肉、叉燒肉。最後Cathy熱好了她的紅燒肉，炒了番茄魚片、清炒蝦仁；Lisa的香菇炒青江菜、胡嫂的蒜燒四季豆、美惠的滷肉飯。兩張大桌子已擺得滿滿的。湯也有好幾鍋，蔭瓜雞湯、羅宋湯、醃篤鮮、鮑魚粥，都是用悶燒鍋燉好帶來的。每一家的心態都認為在往後的三天裡，大概沒什麼好吃的了，所以竭盡所能帶上自己的拿手好菜，或買來城裡最可口的燒臘。荒山野外，場地不是問題，孩子們盡情地在一旁跳繩、扯鈴、爬樹。大人把帶來的折疊椅打開繞著營火圍成一大圈。陳君又開了白酒紅酒，各家拿出為孩子準備的果汁汽水，荒山盛宴正式登場。

　　食物實在太多了，雞鴨魚肉，應有盡有。食物還未吃到一半，Lily的甜點南瓜圓子湯、Lisa的綠豆湯又端了上來。人人都吃得撐到不行，於是

在林中走幾圈再回來繼續努力。這時營火架上的水壺也開了，陳君泡上烏龍茶，Cathy切好西瓜，開始營火晚會。孩子門烤棉花糖，大人們品茗閒聊，說古論今直到明月當空，才入帳篷安歇。

　　次日清晨，我取出預先燉好在悶燒鍋中的八寶粥，雪櫃中拿出冷凍蔥油餅，打算煎一些分請隊友們吃。還沒來得及開煤氣爐，就見隔壁的胡嫂，已熬好稀飯，擺了一桌子的醬肉醬菜，邀我們過去早餐。同時Cathy已來通告，她熬了地瓜稀飯，熱了豆漿。還有昨日的燒臘，冷盤，請大家到總部用早餐。我提著八寶粥，胡嫂搬去稀飯醬菜，我們又吃了一頓極其豐盛的早餐。

　　大夥實在是吃多了，於是幾十個人一起去登山健行，以消耗這兩頓身體攝取的過多熱量。爬了三個鐘頭的山回來，Cathy拿出拌好的餡，指揮大夥包餛飩。

1	2	3
4	5	

1　露營大隊的帳篷
2　兩位領導麗莎（左）凱西（右）
3　野營盛宴
4　營火晚會
5　我幫忙兩位領導烤肉

　　原以為包餛飩，不過就是吃碗餛飩，沒想到Lisa與Cathy除了準備了各色滷味，茶葉蛋外。另備有各種配料，紫菜、榨菜絲、蛋皮、香菜、蔥花。一碗鮮蝦菜肉餛飩撒上配料，澆上高湯，吃得人人叫絕，忍不住吃了一碗又一碗。爬了一個早上的山所消耗的熱量，不但全部回籠又另有過之。晚上的烤肉，也讓我學到了兩招，日後在其他的聚餐場合，我也曾套招獻藝，頗受親友讚賞。鮭魚本身鮮美，唯上烤肉架不宜，Cathy預先以料酒、鹽、胡椒粉、醃過，切成魚小排包以錫箔紙置於火上烤。人人都分到了紙包魚，打開錫箔紙，魚香四溢，既不會吃到碳烤的焦黑，而所有的鮮味皆在紙包中，吃來多汁鮮嫩，香腴可口，大夥又不免誇讚一番。另一道讓大家吃後驚讚的是烤排骨。Cathy先將排骨煮至八分熟，再在火上略為翻烤，澆以祕製燒烤醬，由於烤的時間不長，汁液不失，加上燒烤後肉炙之香，聞之垂涎，入口柔嫩易嚼，別具一番風味。同伴吃盡美食，對Cathy格外愛護，尊Cathy與Lisa為正副兩位領導。次日爬山時，Cathy不慎滑跤，尖叫了一聲，立刻被多隻援手扶住，幸未摔倒，這也算好心立刻得到現世好報。因為眾人都怕她受傷，沒人掌廚。

　　矽谷四週，眾山環繞，有多處附屬州立公園的露營場所。公園裡巨木參天，大多為紅木。森林裡空氣新鮮，我過敏的毛病到此居然不藥而癒。營地多半依山傍谷，一灣清溪蜿蜒谷中，清澈冰涼的溪水，是孩子們戲水的樂園。紅色、藍色、綠色的蜻蜓在水上款款而飛。我喜歡欣賞溪中羅列的怪石，每一塊經過溪水長年的沖刷磨洗後，都變為渾然天成的石雕藝術。

　　聽說山中有瀑布，我們一群人扶老攜幼去尋幽探勝，想領略那銀河落九天的意境。翻山越嶺來到水窮處，只見不到兩人高的山壁上一泓細細的清泉緩緩流下，我正懷疑這也稱得上瀑布嗎？一個男孩尖叫道：「你要我走這麼遠的路，就來看這個。公園裡天使尿出來的水還比它多。」

　　雖然大家都有些失望，然而終究達到了登山運動的目的。回程中山霧漸起，一霎間，人便行走於雲霧縹緲中，孩子們頓覺興奮。雲霧在山谷中越積越厚，意外的看到谷中一片雲海翻騰，景色綺麗，如詩如畫，眾人鵲躍不已。

　　參加了露營大隊後，每年固定於七月及九月的長週末結伴露營，到我們心目中的桃花源，過幾日遺世獨立的生活。數年來，已去遍了近郊的紅木公園。我露營的目的是為了玩賞風景，外子是為了吃美食，女兒是為了有同伴玩耍，三人各取所需，也就樂此不疲了。

——原載《世界副刊》，2007年11月24日。

千萬和春住

　　連接南北加州的五號高速公路，自加州的中谷貫穿而過。中谷平原雖是四面環山，但它縱橫數萬方公里，是加州富饒的農業區。自搬來北加州後，為了到南加州探望弟妹或接送父母，在五號公路上不知奔馳過多少回。數年前，利用華盛頓總統生日的長週末，一家人到南加州去探望唸大學的大女兒，這倒是頭一回在二月下旬驅車於五號公路。那年加州的雨水特別多，南下那日正是春雨綿綿。開出矽谷南面的山區，車一路隨坡而下，翻過一座小丘，忽見大片大片的杏仁花林開滿了雪白的花朵在濛濛細雨中搖曳。車在兩旁花海中穿過，接著又見到路旁的白色花海忽而轉成粉紅或桃紅，由於相隔

有些距離，再加上車速很快，無法看清是什麼果樹，只見千花萬朵搖著滿幹煙雨，賽似江南春天。加州濱海迴瀾，春天來得特別早，不過才是農曆的一月下旬，便已花開遍野。當日因為下雨，又要趕路，再加上高速公路上危險，無法停車觀賞。然而那一片花海，卻始終在我眼前晃動。

後來陸續聽人說起，中谷有一區觀光果園，可以讓遊客在果園中漫步，是春天賞花的最好去處。年年春去春回，卻年年錯過花開時節。今年入春不久，適有友人傳來中谷花訊，於是上網查詢得知花期不長，僅兩三個禮拜罷了，因此我們推掉週末所有的活動，毅然前往。

加州幅員廣大，整個中谷地區相當一個臺灣之大，以農業名城佛城（Fresno）為中心。西面的海岸山脈沒有什麼高峰，溫暖的太平海風吹過山崗，拂向中谷平原，靠西的區域，春天來得早，三月上旬，已是滿地落花如雪。

離開五號公路向東一路往佛城開去，便見果園中的落花漸漸地少了。觀光果園區在佛城的東邊，方圓二十幾英哩的區域，家家果園均不設柵欄，可任由觀光客入內散步、拍照。這才注意到其他區域的果園都圍有一圈高高的鐵絲網，竟都是遊人止步區。

佛城東面的塞拉山脈，是加州與內華達州的天然屏障，山高峰峭，內多勝境，有名的優勝美地、國王峽谷，及加州最高峰惠特尼山（Mount Whitney）都可從佛城東部入山。佛城西邊是春暖花茂，東邊的遠山之上仍是峰峰白雪，來到城東，氣溫也低了幾度，更有初春時乍暖還寒的微涼之感。上星期，一連下了五天的雨，道路兩旁綠草如茵，草原盡頭是一望無際粉紅色的杏花林，背著飄著幾朵白雲的藍天，那天地間的色彩真是柔和，也不是一個「美」字能形容得盡的。這裡的枝頭有的盛開，有的含苞待發，有的初吐一點新蕊，處處洋溢著春到人間的氣息。

1	
2	3
4	5

1 藍天綠地杏花林　　**4** 杏仁花樹
2 花路　　　　　　　**5** 粉紅色的杏花林
3 落花如雪

　　美國的杏仁產量為世界之冠，而主要產地就在中谷，是以此地的杏仁花林最多。中谷的杏子產量也很豐富，尤其是杏子乾，更是行銷遍全球。杏仁花是雪白色，杏花卻是粉紅色，兩種花有同一種特性，皆是先花後葉，是以那杏仁花林白得純淨，恍如茫茫白雪覆蓋枝頭。而枝頭全然粉紅色的杏花林，則恍若暗香浮動的梅花林，難怪兩宋詞人偏愛杏花，詠杏的詞句特別多，春雨叫杏花雨，還有那「鶯聲多在杏花梢」。杏花紅、杏仁花白，只見一片粉紅後又出現一片潔白，春光明媚，美景無限。我們入園取景散步，走在幢幢花影中，發現園中蜜蜂很多，只要你不惹它，它絕對

無視於你，人不犯我，我不犯人。小心避開它們不但無事，還能靜靜體會「紅杏枝頭春意鬧」的境界。蜂兒慇勤採蜜，飛來飛去嗡嗡嗡響，真把那鬧字表現到了極致。

　　花期有先後，初春時節除了紅白杏花外，也只有桃花李花了。桃李花性相似，花開時，嫩葉也同時舒展出新綠。桃紅要比杏紅濃豔，唐人有詩曰「滿樹和嬌爛漫紅，萬枝丹彩灼春融。」亦有詩形容桃花「一數繁英奪眼紅」，可知桃花的紅，是多麼的熱情誇張。詩經「桃之夭夭，灼灼其華。」比喻美貌新娘。桃花林裡，一派繁華，枝頭上濃芳倚翠；桃花、美得耀眼奪目。

　　那李樹枝頭，翠綠襯著雪白，有春回大地欣欣向榮之感，自與潔白的杏仁花海是兩番景象。造物著真是有心，桃、李、杏，同樣都是五片花瓣，同樣開在初春，卻各有各的特色。

1　桃花林
2　嬌豔的桃花濃芳倚翠
3　李花林
4　雪山下的桃花林

　　越往東開，賽拉山脈的雪峰也越來越清晰，時見一片花海與連天的雪山相映成趣。加州自三月以後，到十月之間多半是不下一滴雨的，農業灌溉全靠賽拉山上融化的雪水。隱在雪山中的國王峽谷中流出一條國王河（Kings River），貫穿佛城，滋潤了此地的果園。農家真好，他們遠離競爭激烈用腦過度的高科技工業，在離矽谷三小時以外的地區開懇良田千頃，春天住在花海裡，聽鶯聲燕語，看蜂蝶飛舞，享受一季的美麗。

　　花幕一重又一重，四面八方都是花，走在果園中，真是不忍離去。難怪自古文人都愛惜春天，黃庭堅不知春歸何處，竟癡問道：「若有人知春去處，喚取歸來同住」。那王觀才送春歸去，又送友人去江南，叮嚀友人：「若到江南趕上春，千萬和春住」。四時更替，日月運行，人力不足以留住春天。但人總能放慢生活腳步，摒棄雜務，尋訪春天的訊息，與它悠然的共住一天。

——原載《世界副刊》，2013年4月28日。

Watsonville草莓節

　　來美國之前吃草莓的機會極少，小時候根本沒見過草莓，物以稀為貴，草莓在我的印象中是高貴的水果。初來美國在德州西北邊陲唸書，那裡甘旱少雨，並不生產草莓。做學生時窮，專買廉價水果吃，偶而買盒草

莓享受那紅豔豔軟嫩多汁，甜中帶一點微酸的果肉，就算得上奢侈了，感覺上它有浪漫的色彩夢幻的滋味。它維他命C的含量是新鮮水果之冠，維他命A的含量也非常高，並含有豐富的纖維素與抗氧化物質，堪稱養顏又營養的食物。

　　搬到加州，草莓是最常見的水果之一。住久了才知，草莓在加州的產量佔美國總產量的百分之八十八，而加州三分之一的草莓生產在聖塔克魯茲與蒙特利兩郡（Santa Cruz and Monterey counties）。聖塔克魯茲郡的沃森維爾（Watsonville）更可稱之為草莓之都，小城是農業重鎮，而草莓在它所有農產品的總收入中占第一位。每年七八月相交的那個週末，草莓豐收之時，沃森維爾會舉辦一個為期兩天的草莓節。沃森維爾的居民以西班牙裔及墨西哥移民的人口居多，小城的建築物到處洋溢著西班牙的風味，也保留一些早期移民的維多利亞式小屋。餐館多半以墨西哥食物為主，在這裡可以吃到價廉物美的道地墨西哥菜。

　　草莓節是沃森維爾很重要的一個節慶，節慶那兩天，市政府中心附近的幾條街都被圍起來辦園遊會，只見萬頭攢動熱鬧非凡。兩條大街的十字路口，搬來活動雲霄飛車、電動火車、電動轉輪等形成一臨時遊樂場，是孩子們最愛的小迪士尼樂園。城裡的主要街道旁有一小公園，那裡大樹遮蔭，草綠花紅，彩球飄揚，是逛累了園遊會最佳的休憩場所。公園前的廣場上搭起一座表演臺，從早上十點到下午七點間排滿了兩天的節目，有鄉村音樂、墨西哥民族音樂、爵士樂到熱門音樂、無時無刻不樂聲震天，歌聲入雲的熱熱鬧鬧。表演臺前的廣場上，排列著一條一條用稻草紮成的長凳，供觀眾坐看節目，露天音樂院別具特色。

　　Main Street上帳篷一個接著一個，賣有各色各樣以草莓做料理的食物，有現榨新鮮純草莓果汁、草莓冰沙、草莓派、草莓蛋糕、草莓圈圈

餅、甚至還有草莓披薩；除了這些另有許多墨西哥風味的小吃，各式包餅、辣豆玉米脆片、烤肉串等。我們吃了墨西哥雞肉捲餅，起司烘餅，買了杯新鮮草莓果汁邊喝邊逛。賣果汁的帳篷裡疊滿了一簍一簍的新鮮草莓，現榨現賣，果汁裡加入些許碎冰，含著壓碎的果肉，新鮮爽口消暑，倒是平時不容易喝到的純正草莓汁。

　　當然除了吃以外，禮品珠寶藝品服飾攤位也擺了好幾條街，一樣是一個攤位接著一個攤位。墨西哥真是個熱情的民族，他們的服裝花俏豔麗，珠寶誇張豪華，裝飾品更是五顏六色，攤位個個琳瑯滿目璀璨耀眼。同行的好友崇彬看上了一頂黑色墨西哥式卻帶有巴黎風味的圓頂大草帽，我亦湊興買了一頂白底黑點的，兩人戴起帽子，互相誇讚好看，正好結伴來高貴浪漫一番。

　　沃森維爾市政府為了加強節慶的效果，特請一位女性員工妝扮成草莓小姐，草莓小姐遊走於園遊會裡的各條街道，親切地發傳單，與遊客拍照，充分發揮服務精神。各處街角也散放著稻草長凳，以便讓逛累的人們休息。市政府為了辦好節慶，明顯地看出他們十分費心。

　　沃森維爾靠近聖塔克魯茲海邊，夏日的氣溫平均比聖荷西低上華氏十多度。由於終年氣候溫和，草莓一年生長不斷，從四月到十一月，月月都有收成，在這段期間裡可以到開放觀光的草莓園中摘果子。為了應景，我們來到郊外的Gizdich農場摘草莓，只見綠油油的草莓田埂上一排排矮叢裡閃著紅亮的光輝，那新鮮的草莓好似裹了一層紅蠟，又亮又光美豔欲滴，鑲在一片翠綠中，那是自然界的撩人美景。許多家庭扶老攜幼來到此地摘鮮果，草莓田裡的小徑上一個個男孩女孩兒提著小藍在綠叢中撥葉尋覓，一面驚叫「媽咪，看我這個多大」。孩童的笑語童音是園裡的天籟，可愛動聽。

| 1 | 2 | 3 |
| 4 | 5 | 6 |

1 早期移民的維多利亞式小屋　　**4** 草莓披薩
2 熱鬧非凡的草莓節　　**5** 花俏的墨西哥童裝
3 露天音樂院裡稻草長凳為座椅　　**6** 草莓小姐遊走於園遊會場

　　吹著涼爽清風的豔陽天，我們戴著高雅的新帽，提著一藍散發著新鮮果香剛自園中採下的草莓，漫步在農莊的碎石路上。草莓園的對面是一望無際的蘋果園，樹梢掛滿了尚未成熟的小蘋果，再過兩個月就將是蘋果成熟時。車子開出草莓園，一路欣賞著蘋果樹的挺拔濃綠，一個美麗的星期天又沒有白過。

——原載《品雜誌》，2010年11月。

| 7 |
| 8 |

7 好友崇彬與草莓小姐
8 綠油油的草莓田

Gizdich Ranch

55 Peckham Rd, Watsonville, CA 95076
(831) 722-1056
www.gizdich-ranch.com
Open Hours ｜ （一）～（日）09:00~17:00

格倫愛倫小鎮
——訪傑克‧倫敦故居

我寧願化成灰燼，也不願作塵土。我寧願作一顆超級流星，讓我的
每個原子都發出奪目光芒，也不作昏睡的永恆行星。人來到這世
界，不是為了存在，而是為了活著。每分每秒我都要好好利用，絕
不為苟活而虛度了光陰。

——傑克‧倫敦

（John Griffith "Jack London" Chaney，

1876年1月12日—1916年11月22日）

過了金門大橋，會發現舊金山的北邊比南邊綠。那裡的小溪流著涓涓
的溪水，山丘秀美，碧野如茵。山間峽谷裡，紅木、橡樹、道格拉斯冷
杉，交織張開著綠色華蓋，庇護著山谷。這片美麗的山水也是當年吸引
傑克‧倫敦離開奧克蘭的原因。他離開海灣，捨棄了臨海的住屋，搬到了
索諾馬縣（Sonoma）的格倫愛倫（Glen Ellen），在那裡度過了他的
餘生。

小鎮風情

格倫愛倫的人口不到一千人，離索諾瑪城大約六英里。她四面環山，索諾瑪溪流過鎮上，是座小巧可愛的溪谷小鎮。好友王教授夫婦在小城有棟別墅，熱情地邀我們來度週末，我們逐有機會在小城中盤桓兩日。

鎮上兩條主要的街道，一條在河的左邊，一條在右邊。小鎮安靜祥和，建築物古樸雅致，有1906建造的客棧，數家精巧的小畫廊，及幾家餐館。以傑克‧倫敦狼屋命名的Wolf House Restaurant非常有名，那日因狼屋沒有訂到位。王教授夫婦逐請大家到另外一家頗獲好評的美國風味餐廳the fig café用餐，這家餐館一樣生意興隆，等了半小時，才等到座位。餐廳看來頗有歷史，裝潢簡單樸素。王教授熱情，除了為每人點了主食，還點了一瓶白酒助興。食物雖然是傳統的美式沙拉、漢堡、三明治等，但每道食物的味道果然都相當不錯。

在這裡用餐吃頓道地的美式西餐，然後到小鎮上逛逛，領略下二十世紀初的風情，沿著河邊走走，到畫廊看看藝展，享受段清閒時光，倒是不錯的度假方式。當然，來到這裡最主要的目的還是尋訪傑克‧倫敦的故居。

傑克‧倫敦州立歷史公園

1905年，傑克‧倫敦買下索諾瑪山東面山坡上佔地一千四百英畝的廢棄農場，他在這裡經營「美景牧場」，興建狼屋，直到1916年逝世。倫敦過世三年後，他的第二任妻子查米安（Charmian）在狼屋舊址附近建造了「幸福牆之屋」，之後她一直居住在那裡，直到離開人世。

　　1955年查米安逝世時，在遺囑中聲明將「幸福牆之屋」留作倫敦紀念館。1956年，牧場的繼承人，倫敦的外甥Irving Shepard捐出了部分美景農場給政府，包括倫敦墓、狼屋廢墟、幸福牆之屋，這即是公園最初的格局。

　　後來，繼承人陸續捐出土地，之後更捐出了倫敦最初在此居住的木屋、馬棚、豬圈、酒廠廢址等。今日的公園佔地八百英畝，面積相當可觀。

　　進入公園，索諾瑪山峰，遙遙在望。公園裡古樹參天，花草繁茂。我們步上小徑，往距離入口最近的景點，幸福牆之屋走去。

幸福牆之屋

　　據載這棟石屋是查米安仿照狼屋建造的，自1919開始興建到1926才完工。西班牙式的兩層樓建築，紅瓦石牆，予人穩重堅固之感。石屋如今是博物館兼傑克‧倫敦紀念館，存放著傑克許多的遺物，並陳列他與查米安旅行冒險及日常的生活照片。查米安可說是倫敦一生的知己，她陪同他墾荒放牧，旅遊航海。倫敦死後，她獨自生活四十年，沒有兒女，不曾改嫁。這樣的情形在今日的美國，已不多見了。傳記作家蘿絲基嫚（Russ Kingman），說她是傑克的心靈伴侶（Soul-Mate），確實貼切。

　　一張巨幅的傑克‧倫敦航海照片之旁懸掛著他的座右銘，並有他的親筆簽名。

I would rather be ashes than dust! I would rather that my spark should burn out in a brilliant blaze than it should be stifled by dry rot. I would rather be a superb meteor, every atom of me in magnificent glow, than a sleepy and permanent planet. The proper function of man is to live, not to exist. I shall not waste my days in trying to prolong them. I shall use my time.

　　從他的座右銘，可以看出倫敦是位非常用功努力的人。他勤奮讀書，把握時間，喜歡以海上及陸上的旅遊冒險來充實自己。他的成名，除了本身的寫作天賦外，讀萬卷書行萬里路，更為他開拓了寬廣的視野，寫出許多不朽的作品。

　　紀念館中並陳列著倫敦自己訂造的船──納克斯號的模型。倫敦喜歡航海，他原計劃與查米安坐這艘船以七年的時間環遊世界。結果只航行了二十七個月，到了南太平洋與奧大利亞，就因健康問題而折返。未能完成周遊列國的壯舉，讓倫敦十分沮喪與遺憾。然而他當年能夠自己造船去航海，而且待在海上兩年多，那非要有足夠的財力才行。這樣的浪遊歲月，實在讓後人羨慕。

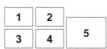

1　格倫愛倫小鎮
2　在the fig cafe用午餐
3　倫敦紀念館
4　倫敦照片與座右銘
5　幸福牆之屋

傑克‧倫敦墓

　　傑克‧倫敦墓距幸福牆之屋大約有一公里多的路程,從石屋旁未鋪水泥的石子小路走約半公里,便接上狼屋產業道路,走一小段後再岔入一條窄小山路,才到達墓地。這段山路甚為原始,蜿蜒向上攀登至一座小山,兩旁荒草野花茂林濃蔭,一派自然景觀,真不敢相信加州大大有名的作家,居然埋骨於荒山之中。

　　他的墓非常簡陋,木造柵欄圍著四四方方的一塊草地,中間一塊紅色的巨岩之下就是他的骨灰罈子。墳墓對面是這片牧場開拓者的兩個孩子的墓地。查米安依照傑克的遺願,將他葬於此地,並尊照他的指示從狼屋廢墟搬來這塊紅岩。而她死後亦將骨灰埋於紅岩之下。看來這對夫妻非常達觀,對死後的居所一點也不講究。他們雖未能同日死,卻能死後同穴,黃泉之下相互為伴,延續在世時的相知相守,這樣的愛情應當是不朽的,說來十分的難得。

狼屋廢墟

　　從墓地走回產業道路,再往前走沒多遠就是狼屋廢墟。狼屋真是座龐大的建築物,那廢墟恍若一座廢棄的城堡。這座四層樓的大豪宅,是倫敦從海上巡遊歸來三年後開始建造的。原來規劃的居住面積是一萬五千平方英尺。它有二十六個房間、九個煙囪,另有圖書館,儲藏室、傭人房及寬大的宴會間等。房子像四合院式,有一廣大的中庭,其中有一長方形的游泳池。

　　建造狼屋時，倫敦早已成名多年，他著的「野性的呼喚」與「海狼」非常暢銷。當時他雖是加州收入最高的作家，但他購買農地，建造納克斯號已花了很多錢。1910年開始興建狼屋後，更是大把大把的花銀子，除了負債沉重外，諸多農牧計劃的進行更讓他身心不堪負荷，以至身體的健康每況愈下。

　　1913年八月，狼屋即將竣工，倫敦也預計在一個月之後搬入狼屋。沒想到狼屋卻被一把火燒成了現在的這副模樣。至於是否有人故意縱火，倫敦並沒有追究，留下了永遠解不開的迷團。倫敦曾決定重建狼屋，但三年後，他便與世長辭了。

　　一個對身後事這麼不在乎的人，生前卻非常重視享受，這或許是西方人重視現實生活的哲學觀。倫敦為了應付龐大的生活開支拚命工作，還要管理牧場、養牲口、種莊稼，長期睡眠不足，身體自然不好，難怪只活了四十歲。如果他不那樣忙碌，也不要舉債蓋豪宅，看淡名利，放慢腳步，相信一定能多活很多年，並創造出更多的優良作品，而獲得更高的成就。

倫敦小木屋

　　倫敦小木屋，在停車場的另一頭。走回停車場，往西走去，爬上一小山坡是一大片的尤加利樹林，據載當年傑克種植了八萬一千棵。樹林裡有處野餐區，倫敦在世時沒有機會成為他的座上客，卻能在他死後自由自在地在他的莊園裡野餐散步，緬懷作家生平，誠屬人生幸事。

　　爬過小山，首先看到的是雪利馬棚，這是前任園主於1884年僱請中國勞工建造的。當初是為了釀製雪利酒而造，傑克買下後改為馬棚。如今堆放著倫敦當年用過的各種農具，成了舊式農具陳列館。馬棚的變化，寫下了社會的變遷，暗藏著一頁中國的勞工史。

　　從雪利馬棚往前看去，「倫敦美景牧場」名副其實的是一片美景，後山上林木蓊鬱是天然的綠色屏風。山坡上，一排排的葡萄架，更是青翠欲滴。倫敦小木屋，四周種滿搖曳生姿的奇花異草。當年他儲存有機肥料的糞池，傑克自己設計的養豬舍，仍然殘留。葡萄園深處，還可以遙見當年的釀酒場。從屋旁小徑往後山走一點二公里路，有一處傑克請人挖的人工湖。湖光山色，又為牧場添一美景。傑克要經營偌大的牧場，還要勤於筆耕，又要騰出時間去駕船、騎馬及旅遊，他的精力過人是可想而知的。

　　倫敦小木屋，並不小。經整頓擴建後，居住面積有三千多平方英尺。倫敦四十歲時因多種疾病的併發症，死在這棟木屋中。他的早逝，查米安想必傷心透頂。木屋中的陳設仍是當年的原貌，牆上懸掛著倫敦收藏的多幅繪畫。書桌上放著當年他用的打字機，旁邊架著一個大型的地球儀。倫敦酷愛旅行，遙想當年他轉動著地球儀，計劃著下一站的旅遊時，是多麼的意氣風發！他又何嘗想到，夢想未能完成呢？

　　臥房、餐廳、廚房都保存得非常完好。倫敦的所有藏書，亦整整齊齊地排列在書架上。緊臨後院的房間是他的休憩室，那裡光線良好，舉頭可見窗外的似錦繁花，看飛鳥來去。臥在躺椅上看書思考，定然快樂似神仙。有這樣一處寬敞舒適的居所，還不滿足，非要大興土木去建造夢想中的豪宅，一代名作家依然無法免於世俗的貪慾，實在可惜。

　　小屋的後院，有座美麗的荷花池。池中數朵睡蓮，池旁妊紫嫣紅鵝黃粉白，花開遍地。山崗上是一列列的葡萄藤，美景牧場美景無限名不虛傳。

　　倫敦的作品頗富哲理，《野性的呼喚》一書，透過一隻狗的眼睛來記錄阿拉斯加的淘金熱，感嘆多少人為了貪心而枉送性命。他的短篇小說「熱愛生命」，寫出人為了求生而發揮堅忍的本能，歷經險惡環境而終於得救的故事。由他的書寫可知，他是多麼的熱愛生命啊！可惜他未能從自

己創作的故事中得到教訓，反而過份勞累，濫用體力以致英年早逝。

　　我們今日讀他的作品，看他的生平事跡，從他的故事中吸取教訓得到啓發。不免訓誡自己，健康比什麼都重要啊！反觀傑克當年的行事作風，倒驗證「旁觀者清，當局者迷」的俗話了。

　　　　　　　　　　——原載《世界副刊・旅遊天地》，2016年1月24日。

1	2	3
4	5	6

1　傑克倫敦墓
2　狼屋廢墟
3　雪利馬棚
4　豬圈廢址
5　小木屋中倫敦的書桌與打字機
6　美景農場的美麗風景

用餐史坦貝克故居
——薩利納斯老城懷舊

　　位於矽谷近郊的薩利納斯（Salinas），一個世紀前是北加州一帶非常繁榮的城市。那裡出了諾貝爾文學獎得主，約翰・史坦貝克（John Steinbeck）。他的巨著《伊甸之東》一書裡對薩利納斯有非常仔細的描繪。在那年代，八匹駿馬拉著的華麗馬車搖著悅耳的鈴鐺聲，穿梭在大街上。新蓋起的銀行、律師樓及商場如雨後春筍般林立街頭，還有霓虹燈閃爍的聲色場所，車來人往，薩利納斯的畫面是多麼的熱鬧。

　　薩利納斯屬蒙特利郡，位於薩利納斯河谷（Salinas Valley）之口，在加州中北部。那裡土壤肥沃，農產豐富，有「世界沙拉碗」（The Salad Bowl of the World）之稱。百年之前，火車便開始從中加州的金城（King City），一路運載河谷各地的農產品送到薩利納斯集散。火車也載著乘客到舊金山，載著學子到史丹佛大學。蒙特利與聖塔克魯茲的海產運到薩利納斯銷往內陸各地。與薩利納斯相比，當年位於矽谷的聖荷西乃是鄉間小鎮。長江後浪推前浪，聖荷西隨著高科技的驅勢異軍突起，而如今的薩利納斯反而十分沒落，遠遠不如約翰小說中描寫的那般繁華。就因發展緩慢，城中仍遺留許多十九世紀末期的建築物，一棟棟維多利亞式的小樓，保留了老城風韻。史坦貝克的故居，就是那些美麗小樓中的其中一棟。座

落在中央大街的這棟維多利亞安妮女王式小樓，是作家出生與成長之地，現今是薩利納斯的歷史名樓。此外，1983年起市中心籌建國家史坦貝克中心，歷時十五年，直到1998年才對外開放，成為鎮上另一吸引人的景點。

1974年志工團體（Valley Guild），買下小樓，重新裝潢改為餐館，但只開放午餐。這個團體是由八位熱愛烹飪的熱心婦女所組成。她們自己研發菜單，經營管理。除了極少數的支薪員工外，大部分的工作人員都是義工。

從矽谷的中心地帶走訪史坦貝克故居，大約需一個半鐘頭的車程。我們慕名而去，抵達時已近中午，逕直驅作家故居用餐。餐廳內部布置得古色古香，侍者都著復古長裙，讓人有回到古代的感覺。老屋懸掛著史坦貝克的畫像，餐廳四周的牆壁上亦掛有他家人的生活照。屋中並展出他們用過的家具及器皿。我們去的那日，菜單上只有兩樣選擇，雞排沙拉與當日三明治，於是我選了沙拉，老公選擇三明治，兩人都叫了冰紅茶。食物端上來，非常普通，乏善可陳。但麵包卻出乎意料的美味，剛出爐的法式麵包香氣四溢，外皮溫熱酥脆入口即化，裡面鬆軟好吃又不失結實，這才像貨真價實的法國麵包。女侍服務非常親切，歡迎我們到史府來作客。我才猛然領會，原來我現在是諾貝爾獎得主家的座上客。

老屋的地下室，現改為書店（Best Cellar Gift Shop），作家所有出版過的作品都陳列在販賣架上。他有多部作品被拍成電影，錄影帶及電影紀念品等亦擺滿一架。我買了一本《伊甸之東》（*East of Eden*）以做紀念。

從作家故居步行到國家史坦貝克中心，只需要五分鐘。進入展覽廳，一眼便看到史坦貝克的白色石雕塑像，作家翹起二郎腿將筆記本攤開於膝上，歪著頭，似乎一面思考，一面執筆寫作。接著進入第一展廳，成長展區「伊甸之東」，這裡記錄了他的成長過程。史坦貝克自認為《伊甸之東》是他的代表作。該書的主角之一山姆漢彌頓的原型就是他的外祖父。

1　史坦貝克的故居
2　故居餐廳中的午餐
3　國家史坦貝克中心
4　與詩人謝勳好友淑玲攝於
　　史坦貝克中心
5　史坦貝克中心的大廳
6　史坦貝克的白色石雕像
7　成長展區「伊甸園東」

書中借用聖經裡該隱殺死亞伯後遷居伊甸園東的隱喻，以兩代兄弟間愛恨情仇的故事，來討論分析人性的善與惡。此書於1955年搬上銀幕，拍成同名電影，由詹姆士狄恩主演，臺灣譯名「天倫夢覺」，可惜只以第二代兄弟間的故事為主，作家外祖父那一代的故事完全忽略，失去了原著精神。1981年此書被拍成三集的電視電影，由「007生死關頭」的女主角珍西摩兒主演，比較能呈現原著的完整性。書中有位重要人物，主角亞當特斯克家中的華裔僕人李，在電影中完全無足輕重，但在電視電影卻有很吃重的

戲份。作家透過李關懷修築鐵路的華工，透過李討論東西方的宗教哲學思想。李是亞當失去愛妻後的人生支柱，幫助他扶養雙胞胎長大。並是化解亞當與兒子之間怨恨的關鍵角色。忽視李的存在，也就忽視了這部書的哲學精神與思想價值。

接下來的展廳如「憤怒的葡萄」、「罐頭廠街」等亦都是以他的著作為主題，搭配照片、圖表、文物、模型等、展現作家一生的經歷，及他的文學成就。史坦貝克於1939年以《憤怒的葡萄》（*The Grapes of Wrath*）獲普立茲獎，1962年以《人鼠之間》（*Of Mice and Men*）獲諾貝爾文學獎。他記錄了大蕭條時代的悲慘生活，關懷活在社會低層的小人物，閱讀他的作品，寬容之心自然被啟發。為了要多了解作家的生平，後來我又與詩人謝勳及好友淑玲重遊此館。

中心另一邊的大廳，展出薩利納斯谷的農業發展史，讓人了解薩利納斯的今昔風貌。展廳之外，正對著Main Street，一排十九世紀風味的建築裡有餐廳，商店。他們都以作家曾在此用餐或購物來招徠生意。確實，這裡到處都有作家留下過的足跡！

舊金山惡魔島
——監獄打造藝術天堂

多年前第一次到舊金山旅遊，走在海灣大道上（Embarcadero），遙看舊金山灣中拔出水面壁立險峻的惡魔島，直覺上就有些恐怖感。不像海灣中另外兩座島嶼，天使島與金銀島，有著美麗的名稱；這座小島的英文名Alcatraz，阿爾卡特拉斯島，真有些拗口難念。而這個怪字看來還有點猙獰，據載Alcatraz是衍生自西班牙文Alcatraces，意指鵜鶘或怪鳥。這座島原是軍事基地，1868成為軍事監獄，囚禁重刑犯，直到1963年廢棄不用。

惡魔島之稱是來自囚犯作家菲利普（Philip Grosser）所著的《山姆大叔的惡魔島》（*Uncel Sam's Devil's Island*）一書。菲利普在第一次世界大戰中因拒絕服兵役而獲罪，被關進了惡魔島。他將鐵窗生涯寫出，以揭露軍事監獄的黑暗與恐怖。印第安人傳說，這座小島曾被詛咒過，因此惡魔島之名更不脛而走。

1972年惡魔島被納入金門國家公園的一部分，1973秋天開始對外開放參觀。這座島是舊金山灣裡最小的一座，只有0.0763平方公里，大約二十二英畝。四周是懸崖峭壁，地勢險要，有天然的防守優勢。一座燈塔聳立在島上的頂端，監獄大樓像隻龐大巨獸覆蓋整座山巔。1979年，柯林伊斯威特主演的《亞特蘭翠大逃亡》（Escape from Alcatraz），在此地

實地拍攝。這部影片在當年非常賣座，惡魔島因此聲名大噪。1996年好萊塢再度以此島為背景，請來007史恩康納萊主演《The Rock》，此片非常轟動，是當年全球第四大賣座的電影。從此惡魔島成為舊金山的熱門景點，到了2013年每年的訪客已超過一百四十萬人次。

2014年開始，惡魔島與中國藝術家艾未未合作，把監獄變成了行動藝術天堂。在舊金山工作的大女兒知我對藝術有興趣，特地上網購票請全家一遊惡魔島。

從舊金山的三十三號碼頭（Pier 33）登船，不過一刻鐘便抵達惡魔島。島上到處張貼著艾未未作品展覽的告示。展覽稱做「Ai WeiWei @Large on Alcatraz」。主要分兩個展覽區，第一區在工廠（New Industries Building），第二區則在監獄大樓。工廠在島上的西北面，上岸後要走一段山坡路，繞過小島的北端才能到達。工廠是座兩層的龐大建築物，原來是島上的車衣與洗衣廠，專門製做軍裝並幫舊金山附近營區中的軍人清洗軍服。表現良好的囚犯才會被分配到廠裡工作，賺取外快。如今這座建築物已老舊不堪，油漆斑駁，空曠簡陋。遙想當年犯人在警衛持槍監視下埋頭苦幹，而窗外不遠處是繁華舊金山的十里紅塵，境況是何等悽涼。

工廠的展覽分三部分，第一部分以「隨風」（WITH WIND）為主題，藝術作品是風箏。展廳中，懸掛著一條數丈長的巨龍風箏。五顏六色的彩繪龍頭，雲彩火燄，都是中國風的圖案。長長的龍身盤踞著整大間展覽廳，龍身上五彩龍鱗非常鮮艷。龍是代表中國的圖騰，艾未未期望中國像龍一樣，一飛沖天在晴空裡任意翱翔。另一展廳，是各式各樣的小型美麗風箏，代表著渴望飛向自由的尋常百姓。

展覽的第二部分，頭像（Trace）。他在地上用Lego拼出世界各地知名異議人士的頭像，這些人不是被流放就是坐過牢，或仍在牢獄之中，有

1	3
2	

1 舊金山灣中的惡魔島
2 惡魔島碼頭
3 惡魔島前全家福

4	5	6
7	8	9

4 艾未未作品－龍
5 艾未未作品－風箏
6 魏京生等異議人士之圖像

7 監獄內部－走道兩旁皆是牢房
8 窄小的牢房
9 監獄大樓與樓外之花園

魏京生、劉曉波、史諾登等。前一項展覽需要抬頭往上看，而這項展覽卻是要低頭往下看。

　　展覽的第三部分，折射（Refraction）是在地下室，觀眾無法進入展廳，只能在窗外觀看。從破裂生銹的窗框，看到裡面以太陽能板拼裝出的大型鳥羽。鳥羽亦是代表隨風飛翔。太陽能板的反射或許代表著反抗壓抑衝出牢籠之意吧！

　　離開工廠，我們登上小山頂上的監獄大樓參觀。終於進入了神祕的監獄內部，監獄樓高三層。裡面建造著一排排的牢房，每間牢房不足兩個褟褟米，門窗是很粗的鐵柵。走在兩棟牢房中的走道上，已覺陰森壓迫。想當年長廊中持槍警衛不停地巡邏，苦牢的難蹲可想而知！

　　監獄大樓的展覽是十足的行動藝術，幾間牢房裝置了錄音機及音樂。播放出吟詩聲，囚犯敘述他們在牢籠中的哀怨心聲。大樓中的犯人醫院裡，則展示許多由艾未未製作的陶瓷花牌，上插陶瓷玫瑰、菊花、繡球等，非常精緻美麗。

　　大樓四週的環境很美，有多座花園，依著山坡，種滿了各類植物花草，都是以前犯人們開墾種值的。走出大樓，站在坡上，背倚藍天看四週的碧波白浪，才知這座島若不曾是監獄，原來是這麼美。舊金山終年天寒，海水冰冷，犯人即使越獄成功，亦很難在海水中存活。這裡曾經發生過唯一一次越獄成功的事件，三位犯人逃出後，便人間蒸發，一般人皆猜測，他們早已溺斃或葬身魚腹。海水雖然是天然的銅牆鐵壁，但樓裡樓外，兩般境界；再加上舊金山灣裡遊艇、白帆的自由馳騁，此地那裡適合當監獄呢？

　　出生在北京的艾未未，是鳥巢的設計師之一，國際知名的行動藝術家。艾未未認為「行為即藝術，即自由表達。」倫敦現代美術館（Tate

Modern）曾於2010十月到2011五月展出他的一億顆陶瓷葵花籽作品。他可歸類於超現實主義的達達派藝術家，不按牌理出牌，作品熱情洋溢但充滿喻意諷刺。他的作品為他帶來名利，也為他帶來了一連串的災難。2011年4月他被北京政府逮捕，神祕失蹤八十一天，後來雖被釋放，但護照被沒收，至今仍被禁止離境。這裡的展覽作品都是他在北京工作室裡製作，再由For-Site基金會運過來安裝。

他的作品發人深省，為追求自由的人士發聲。惡魔島之所以找他合作，除了他與眾不同的創作風格，還因他坐過冤獄，及特立獨行不懼挑戰的人格特質。其實不止惡魔島，相信每座監獄都關過冤枉之人。然而受冤者到底是極少數，被關進來的人大多數是罪有應得。壞人受刑受懲，也是為保護大多數的善良百姓。為了避免冤獄，而去關閉監獄，似乎不大合理。惡魔島的關閉，絕對不是為犯人喊冤，相信另有其他經濟或人事上的諸多因素。

人為了追求自由，而抗爭反對，固然受人尊敬。但有多少民族鬥士真的有悲天憫人之心，是無私地以解救蒼生為出發點。若只是為了一己私心，去煽動群眾，為反對而讓社會添亂，那就完全不足為取了。但望民族鬥士們更能深思熟慮，了解「自由應在不妨礙他人的愛心與寬容之下去爭取」，這樣才真正的令人尊敬。

——原載《世界副刊‧旅遊天地》，2016年6月5日。

舊金山迪揚美術館
(de Young Museum)

　　迪揚美術館是舊金山市裡最有名的美術館，它始建於1894年，原是棟埃及風格的建築物（Egyptian Revival-style），由建築師Charles C. McDougall所設計。目前的新館建於2005年，由得獎的瑞士籍建築師Herzog & de Meuron聯合設計。它算不上宏偉，格局遠遠比不上紐約的大都會博物館與華府的國家畫廊。外牆好似銅牆鐵壁，造型很不討喜，龐大的古銅色建築物暗淡無光，東北角那座144英尺高的倒三角形塔樓奇形怪狀，遠看大約只能用醜怪來形容。乍看之下很難想像是出於名建築師之手。閱讀了迪揚手冊，了解了他們的設計理念後，才知這樣的設計是基於環保的概念。整座美術館乃取用銅、玻璃、木材與石頭等天然建材，由於銅在空氣中氧化會逐漸產生銅綠，藉著這種微妙的變化來體現建築物歲月的痕跡。後來亦在女作家黃麗絹的「舊金山博物館之旅」中讀到這樣的設計亦「巧妙地融入周圍公園的環境與綠意」。至於它的造型，算是一種現代的藝術風格。所謂摩登藝術就是要求新求變，不標新立異不能顯出它的摩登，之所以造成這般難看，也就無可厚非，不予置評了。

　　美術館的前面有兩座大理石雕的獅身人面像，仍能讓人聯想起埃及的古老文明，或借此而保留原始設計的遺風。兩座石雕中間有一巨型的銅雕

花瓶，花瓶上雕滿了男女老少各種人像，是件巨大的藝術品。門前一排棕櫚樹，在沒有夏天的舊金山，忽然出現了點點南國風味，由此可見設計者的用心之處。館前的兩排路燈，亦設計得讓人眼睛一亮，銀灰色的圓柱十分雅潔，弧形燈罩簡單大方自然巧妙的連接到燈柱上，造型很具現代感。進入大門，要經過一座非常寬大的中庭才到達大廳。中庭裡零落的放著幾塊長方形大石頭，擺設極其單調素淨，感覺空曠冷清，卻另有種一派天然頗富禪意的味道。

　　美術館的主要部分是棟兩層樓外加地下室的建築，一樓與二樓長期展出館內收藏，地下室則用於舉辦特展。服務與詢問台佔據了一樓大部分的空間，進門左手邊是禮品店與自助餐廳。餐廳前方是美洲藝術與美洲本土原住民藝術的展廳，再往前走是二十世紀現代藝術展廳。二樓有六個展廳，最大的展廳是展覽十七世紀至二十世紀的美國藝術品，主要以繪畫為主。另有新幾內亞、海洋文化、非洲藝術、織品服裝及攝影等五個展廳。

　　美州藝術展廳中有許多收集自南美州及墨西哥的古老文物，有瑪雅古王朝的雕花石碑，三千年歷史的墨西哥綠色石雕面具，最珍貴的一件是來自Teotihuacan的十五塊壁畫碎塊。Teotihuacan特奧蒂瓦坎，位於現今墨西哥城三十英里外的東北方，是墨西哥有名的日月金字塔廢墟的所在地。特奧蒂瓦坎建於西元前一百年，屬於前哥倫比亞王國，那裡原來非常繁榮，然而城市卻在西元七到八世紀間不知怎麼地突然毀滅，全城之人神祕

消失。這些壁畫上繪著長有羽毛的巨蛇，及十三棵開著大花的樹。壁畫色彩鮮麗，圖案古拙天真非常好看。不論那些圖案是否是解開特奧蒂瓦坎文明的密碼，但起碼提供了研究中美州古文明的一絲線索。

二十世紀現代藝術館裡收集了許多美國當代名家的作品，無論油畫、雕塑、琉璃工藝，裝飾藝術等都很有可觀。繪畫方面，較有名的有花卉畫家歐姬芙（O'keeffe）的牽牛花，威廉‧德‧庫寧（Willem De Kooning）恣意揮撒色彩豔麗的抽象畫，理查德‧迪本科恩（Richard Diebenkorn）著名的海洋系列抽象畫。至於雕塑方面最有名的一件是大衛史密斯（David Smith）的鋼鐵與油漆「Steel and Paint」，史密斯是當代美國非常重要的一位雕塑家，他利用傳統的焊接技巧將不同幾何圖形的鋼鐵焊在一起，再漆上油漆來製成雕塑藝術；這件十英尺高的巨人作品，造型奇特卻能巧妙的平衡，線條簡單卻活潑有力，黑底藍紋配上橘紅色圓球做點綴，設色協調亦不失美觀，是件讓人一見，目光便被深深地吸引住的作品。

二樓的美國藝術展廳，收集了十七世紀至二十世紀美國本土藝術家的繪畫作品。這個展廳相當大，約佔了二樓三分之一的空間，展出的作品美不勝收。十七世紀末，大批的歐洲人移民來美國，早期的美國繪畫完全受歐洲的影響，以人物肖像畫為主。到了十九世紀初，美國風格的藝術開始萌芽，不但殖民者的日常生活入到畫裡，美洲大陸的名勝風景也開始成為繪畫題材。Charles Sheeler描繪殖民文化（Colonial Culture）的作品《Kitchen》，寫實派的畫風，猛一看會誤以為是照片，實際上是畫在木板上的一幅油畫。圖中的鍋碗瓢盆，烹調器皿，廚櫃桌椅都是十八世界歐洲廚房的設備，借此記錄美國生活的文化傳承。

Gustav Grunewald於1832年繪製的油畫《尼加拉瓜大瀑布》，雙連幅的油畫合則為一，分則為二。畫中，瀑布之水如洪水搬排山倒海而來，

驚濤翻騰如雲海變化，天空烏雲密布，一束天光從烏雲洞孔中瀉下，照在瀑布上因此有了光影色彩的變化。我曾遊覽過尼加拉瓜瀑布兩次，看到熟悉的風景，不但有舊地重遊的欣喜，亦有回味旅途的愉快感。美國建國後，殖民者由東逐漸向西拓展，展出的山水風景畫也由美國東部的風景漸漸地移到了西部的風光。喬治賓漢（George Bingham）1846年所繪的密蘇里河上的船夫，描繪河上船夫的生活。三位船夫載著一船什物在晨霧中展開了他們一天的生活，不知是否要開始他們往西部拓荒的生涯，前面的兩位船夫坐在行李上似是正在思考著他們的未來，後面的船夫弓著腰專注的整理東西，三人的姿態形成了金字塔式的構圖，頗有浪漫主義的風格。這幅畫是紐約藝術聯盟的得獎作品，後為私人收藏，於1979年捐贈給迪揚。

代表西部風光的有Willian Keith於1983畫的加州春野。春天的加州一片碧綠，農夫們開始犁田，婦女們到河邊汲水，美麗的田園，恬淡的農家生活，令人懷念沒有污染的美好世界。這個展廳的收藏據說超過一千件，佳作甚多賞心悅目，如要仔細觀賞，一整天也看不完。從這個展廳的作品，可以盡窺美國繪畫的發展，走完展覽廳亦好似上了一堂美國的繪畫藝術史。

新幾內亞展覽廳緊鄰著海洋文化廳，隔壁是非洲藝術廳。新幾內亞屬於海洋文明的一部分，她的文化與非洲竟有許多相似之處，所以迪揚將三個展廳連在一起。展出有木雕、銅雕、祭祀神器等，這三種文化的藝術品之材料顏色圖案多有相似之處，可以看出他們文化之間的互相影響。三種文化最相同之處就是他們都喜用面具，非洲人自古喜戴面具，無論是祭神、跳舞或打仗，都有戴面具的習俗。面具代表神靈，崇拜或力量，它有多重的象徵。非洲面具的造型多半抽象，眼耳鼻多是寫意手法，面具上畫著鮮艷多彩的拙樸圖案。面具中最出名的一件，是來自新幾內亞附近的海

<table>
<tr><td>1</td><td>2</td></tr>
<tr><td>3</td><td>4</td><td>5</td></tr>
</table>

1 De Young現代藝術展廳之
  大衛史密斯的作品
2 寫實畫 Kitchen

3 加州春野
4 面具from Mabuiag Island
5 Ruth Asawa的鐵絲雕塑作品之一

6	7

6 倒三角形的塔樓頂端
7 從塔樓俯瞰金門公園

島Mabuiag Island 的一件面具，這是件用做慶典祭祀用的面具，製作於十九世紀初。這具面具至少用了十一種不同的材料，有多片烏龜殼，多種獸皮獸毛與羽毛，還掛有多種果核，造型誇張，製作精良。這件作品在設計與色彩上都很有非洲風味，新幾內亞離非洲遠隔重洋，文化上卻有許多相似處，不得不信許多古老的文明藉著海洋事業的發展，傳播得無遠弗屆。

迪揚有大批的織品藝術與古代服飾的收藏，有西元前三世紀的祕魯織品，烏茲別克的刺繡，十三世紀的印度地毯，十七世紀到十八世紀間的土耳其地毯更有許多件。服飾方面有日本服飾，美國原住民服飾，北極人的毛皮衣等。

東北角那座倒三角形的塔樓，主要是做教學中心之用，除了頂樓，其他樓層皆是教室。樓梯間的大廳裡，掛有許多件露絲阿薩瓦（**Ruth Asawa**）的鐵絲雕塑作品，有下垂如掉燈的造型，也有纏繞成千絲萬縷的裝飾品，件件精緻美觀細膩，不得不佩服這位藝術家的耐心。

坐電梯到頂樓，四面皆是玻璃落地窗，除了供瞭望之用，亦有一半是禮品店；逛禮品店買畫冊紀念品之餘，順便可瞭望美術館四周金門公園的景物與對面的科學館。登上頂樓，視野極其開闊，除了可遙望舊金山的街道建築，城市景觀外，遠處舊金山灣裡的雲煙變幻亦可望到。窗外景色美麗異常，看著看著心胸也隨之開闊，心情更是愉悅無比。來到這裡，油然生出感謝迪揚美術館設計特殊之心，再不會嫌這棟建築物醜怪了。

於是我購買了一本「de Young–Selected Works」回家珍藏。

——原載《世界日報・旅遊天地》，2015年5月3日。

de Young Museum
一場空前絕後的藝術盛宴

　　印象畫派至今仍是西洋繪畫史上最受歡迎的繪畫風格，許多人看不懂抽象畫，無法接受光怪陸離的現代畫，卻很少有人不喜歡印象派的畫。印象派是十九世紀中期在法國發展出來的畫派，所有名家的作品多半都收藏在巴黎的各大美術館，其中*Musée d'Orsay*是收藏印象派最豐富的一座美術館。今年（2010）de Young Museum趁著*Musée d'Orsay*之印象派展覽廳將休館一年的空檔，借來了大批的作品，舉辦「印象派之誕生（Birth of Impressionism）」的大型專題畫展。

　　這批畫作每幅都價值連城，*Musée d'Orsay*從不出借，de Young Museum能舉辦這一創世紀的展覽，不但是空前的也是絕後的，因為不會有第二個國家有能力借到這批畫，光是保險費用即是天文數字。這次的展覽將分兩個階段，第一階段展期自五月二十二至九月六日，著重在印象派的初期1860年到1880年之間的畫，作品網羅新古典派畫家布格羅（Bouguereau）；巴比松畫家米勒（Millet）；寫實派的庫爾貝（Courbet）、布萊頓（Jules Breton）、李佩基（Bastien-Lepage）；到印象派諸家，馬奈（Manet）、莫內（Monet）、畢沙羅（Pissarro）、雷諾瓦（Renoir）、希斯里（Sisley）），塞尚（Cezanne），狄加斯

（Degas）等。觀眾可以看到十九世紀時，西方的繪畫風格如何從新古典派畫走向寫實主義再發展出印象派的過程。

第二階段展期自9月25至明年1月18，以「後印象派（Post Impressionism）」諸家，梵谷、高更、塞尚、秀拉等的畫作為主。讓觀眾得以看到印象派巔峰時期的作品，並一窺印象派如何在西方畫壇上發揚光大的全貌。

由於看印象派的名畫不必去法國，再加上舊金山本身即是旅遊勝地，四面八方湧入de Young Museum的遊客，只能以人山人海，盛況空前來形容。美術館為了要限制訪客人數，下午兩點以後即停止售票。展覽廳在de Young的地下室，買好票後得按照買票的時間，排隊入場。若你票上的時辰未到還不準你走進排隊之隊伍，此次之展覽在管理上相當嚴格，並且嚴禁照相。

千辛萬苦隨著人龍進入展覽廳，當你看到那些曠世名畫時，所有等待時的無奈及雙腿的酸痛，立刻化為一腔的興奮。原來只是在書本上畫冊上或網路上看過的名畫，竟然活脫脫地真實不虛的出現在你的眼前。你不是在巴黎，你沒有飛越重洋，你只不過開了一個小時的車，就能欣賞到那麼多的印象派真蹟，這項展覽的確是為我們在灣區的居民，提供了千載難逢的機會。

展廳外四處掛著以馬奈的「吹笛的男孩」之畫製作的海報，將你的目光一步步的吸引進入展覽廳。展廳的入口掛著巨幅的新古典派畫家布格羅之名畫「維納斯之誕生」，象徵似的帶出「印象畫派之誕生」的展覽主題。布格羅是十九世紀中葉在巴黎非常受歡迎的畫家，當時的藝術沙龍競相展覽他的作品，他的畫作也是收藏家搶購的對象。此幅「維納斯之誕生」用的是新古典畫派最典型的金字塔式構圖，美麗的維納斯剛從巨蚌中

出世，慵懶無力的伸著懶腰，邱比特及眾海神圍繞四周，一群可愛的小天使自天而降，與海神們共同守護著女神的降生。人體四肢精準的比例，藕色如絲綢般光滑柔亮的膚色，襯托於晴和的藍天白雲之下，畫家完美的描繪出人體之美。海水的波浪光影，水的透明流動，在在表現出畫家純熟的技巧與深厚的功力。布格羅生前非常風光，但在他活躍畫壇的同期，印象派漸漸萌芽。在畫壇一味追求「Avant-garde」，也就是求新求變的一片聲浪中，印象派很快的成為巴黎畫壇的新寵。布格羅的繪畫技巧成了食古不化的代表，被狄加斯等人譏為「光滑的人造表面」，布格羅於死後身價立刻大跌，這與大多數畫家在死後才成名的例子正好相反。de Young以他的畫來作為畫展的開端，或許有多層的隱喻意味在內。但在今日來看，布格羅的的繪畫技巧的確不凡，即使在當今之世也未必有幾人能練成那樣超群的技法而處理出唯妙唯肖的人體畫像。

　　進入第二展廳，畫作的風格一變，轉為寫實主義的作品。有米勒之「背牛奶的婦人」，布萊頓的「豐收」，李佩基的「割稻草的人」。由這些作品可以看出當時巴黎的繪畫主題已從神話及歷史故事轉變成描繪一般老百姓的生活，從為富貴的收藏家們繪製畫像改為對農村人民的關愛，從而擴大了畫家們題材的層面，啟發了藝術家們對生活在社會底層之人的關懷。這時的畫家不再追求細膩精緻的技法，他們放開胸懷，追求運筆的自然去描繪鄉間的景與物。

　　再往裡走後往左轉，印象派始祖馬奈的作品琳瑯滿目的陳列於展覽廳中，有女人與扇子，吹笛的男孩，港都夜月，水晶瓶中的花朵等名畫，幅幅都是精品。馬奈善於運用簡捷的筆觸，描繪人臉部的表情。女人與扇子中的女子似笑非笑，很難捉摸她在想什麼，只好讓觀眾自己去猜測那女子的肚子裡在想什麼樣的心事。那吹笛的男孩，也一樣讓人猜不透他是用心

或著無心，喜歡或不喜歡吹笛子，全憑觀賞者自己的感覺去領會。他的筆觸比寫實主義的畫家更放鬆，色與光的表現更為突出，馬奈將當時的畫風又帶到另一個境界。

接下來越走越見精彩，印象派的畫家莫內、畢沙羅、希斯里、雷諾瓦、狄加斯、塞尚的名畫，一幅幅一件件的美不勝收。這些畫家更是大膽的任意揮灑他們的畫筆，筆觸更加自然、線條越放鬆，表現出渾然天成的瀟灑趣味。這時期的畫家們取材更廣，視野更寬。他們不拘泥於傳統，不再局限於古典的金字塔式或對角線的構圖，打破了義大利定點透視的規則。他們從畫室走到了戶外，去捕捉自然界的光和影，將瞬息萬變的自然界中的印象表現在畫布之上。這時的畫家不再為取悅有錢的收藏家而畫當時流行的風格，他們想畫什麼就畫什麼，山水、花鳥、人物，任意取材，完完全全的將西方之繪畫帶到嶄新的境界。莫內的「白火雞」一畫中幾乎是運用棕毛畫筆的特性一擊一撞，擦畫出千萬株勁草，縱橫揮舞的筆觸強而有力卻一絲不亂。畫筆一刷一捺之間繪出火雞的羽毛，以平遠的構圖方式畫出成群的火雞及遠處的建築物，他把地平線擺在畫面三分之二的高度上，完全突破了傳統構圖的束縛。莫內其他的作品如帆船、阿基坦等展現出度假小城的風貌，刻畫了水光瀲灩的流動之美。

「飄揚在巴黎的法國旗」一圖的畫面上只見千萬面旗幟飄揚，大街上人潮洶湧，萬人空巷。然而定睛看去，莫內僅僅用簡單的筆觸蘸上深藍，大紅及白色揮舞出千萬面旗幟。至於人物更只是用簡單的點或單一的一筆繪出簡單的人形，然而整個畫面卻充滿了強烈的動感與活力。這就是印象派驚人的效果。

希斯里的「大水中的船隻」描繪塞納河發大水的情景。波光雲影對照著棕瓦白牆的酒廠，成片的葡萄架變成種植在大水之中的樹林。一場天

1　展覽之專題海報
2　布格羅的維納斯之生
3　布萊頓的豐收
4　米勒之背牛奶的婦人
5　李佩基的割稻草的人
6　馬奈的女人與扇子

7　莫內的白火雞
8　莫內的飄揚在巴黎的法國旗
9　希斯里的大水中的船隻
10　雷諾瓦的鞦韆上的佳人
11　狄加的芭蕾舞蹈課

災，卻成了畫家筆下美麗的水鄉澤國。

雷諾瓦的「鞦韆上的佳人」，畫出美麗的年輕女子踩在鞦韆上面對仰慕者的嬌羞，花園中遍地花開，美景無限。雷諾瓦擅長將世間的美好事物，以柔和的筆觸呈現於畫布之上。在他的畫中，我們可以感受到世間的美好，佳人的柔情萬種，男子的希望無窮。

狄加斯的「芭蕾舞蹈課」表達出學習芭蕾舞的艱辛，嚴厲的老師在一旁做軍事化的訓練，等在一旁的舞者們，有的手伸到背後抓癢，有的手伸到耳邊調整耳環，每位舞著的動作姿勢都不一樣，卻交織出一幅美麗有趣的畫面。

展覽實在是太精彩了，每幅畫都能讓人流連忘返。目光在一幅幅的美景吸引之下，不知不覺的走到展廳的盡頭，眼看即將由另一個出口出去，我們戀戀不捨的又重回入口處，重新再欣賞一遍所有的畫作，然後才依依不捨地走出展覽廳。走在舊金山寒冷的夏日街頭，滿惱袋仍沉浸在方才的藝術饗宴之中，那印象令人揮之不去回味無窮。

由於印象派的畫家在技巧與構圖上完全背離了傳統的束縛，因而將西方藝術帶領到一個新的里程碑，他們在繪畫上的創作啟發出現代藝術的構思，進而觸發出立體畫與抽象畫的產生。印象派對歐洲與西洋藝術的發展是居功至偉的，而de Young能夠排除萬難舉辦這樣一個畫展也是難能可貴的劃時代之創舉。

──原載《品雜誌》，2010年8月。

妙造花鳥人間
——訪工筆名家趙秀煥

　　多年前好友文可送我一本工筆畫家趙秀煥的花鳥畫冊，我翻看之後立刻被裡面的畫作所吸引，不禁愛不釋手。那些花鳥畫設色濃淡得宜，畫得細膩動人，有東方的古典氣質，西方的寫實手法。構圖上脫離了傳統中國工筆花鳥畫的路線，採用了西方的透視感覺，作品一點也不死板。畫中的那些花那些鳥，都是那麼的鮮活，那麼的美麗。而畫家的取材不論是香遠逸清的荷花，幽香怡人的蘭花，孤標傲世的菊花，或花明月暗或鳥雀呼晴，都怎一個「雅」字了得。

　　我原以為工筆畫已不合時代，國畫走到今日，早就是寫意畫的天下，誰還去畫假假死死的工筆畫。看到趙女士的畫冊，大大的改變了我的觀念，原來只要肯認真求新求變，一樣可以將工筆畫注入新生命。因緣際會，一日在好友佳音家裡看到了一幅複製的白芍藥，芍藥花瓣很是複雜，重重疊疊，靠近花心部分的花瓣尤其細小多變化，畫家卻能將它處理的一絲不苟。芍藥二回三出的羽狀複葉，本是極不好畫，畫家也能將參差重疊的葉片處理得層次分明，不雜不亂。我非常喜歡這幅白芍藥，仔細詢問，才知佳音拜在趙老師門下學畫。經過佳音的引見，我因而有緣拜會了這位工筆畫名家。

熱心的佳音載我來到畫家位於北谷（North Valley）山上的家。沒想到這樣一位名畫家，卻非常的平易近人，趙老師素顏便服一臉微笑的接待我們。老師寬敞的畫室裡掛著兩幅畫，一幅是綠影翠葉的柳蔭雙鷺圖，一幅是花紅草綠的林園雙鳩圖。那雙鷺圖裡雪白的鷺鷥棲息在濃綠的柳蔭之下，神態悠然。我在臺灣北部的鄉間長大，自小常見鷺鷥在水田間覓食，有時見「一行白鷺上青天」，有時又有「西塞山前白鷺飛」的意境。潔白如雪的白鷺，看來永遠是那麼的高貴自在，在趙老師筆下又顯得它們格外美麗。斑鳩鳥是北美常見的鳥兒，住屋的庭院中常見它們飛來覓食，趙老師的雙鳩圖畫出了平常百姓家的庭園野趣。

欣賞完兩幅畫，我便坐下來與趙老師聊天。佳音捧出冰糖枇杷茶，原來是她們摘下新鮮的枇杷葉配上枸杞加冰糖熬煮而成的茶，溫熱幽香，真喝得全身舒暢。到底是藝術家的生涯，連喝的茶也是自家院中摘下來的有機天然樹葉。我提到特別喜歡她那幅白芍藥，趙老師

上圖　趙老師居家照
下圖　趙老師與柳蔭雙鷺圖

說她自己對那幅畫也非常滿意，所以去臺灣開畫展時才會以它作海報。我向她訴說我的論點，白芍藥的鋸齒如蕾絲的花瓣複雜又難畫，畫花卉，用白粉的技巧最難掌控，老師卻能畫得唯妙唯肖實在令人敬佩。她笑說都是因為秦少游的一句詩給她的靈感。「一夕春雷落萬絲，霽光浮瓦碧參差。有情芍藥含春淚，無力薔薇臥曉枝。」。只知少游擅長填詞，卻不知他寫起詩來，還這樣的感性。一夕春雨之後，芍藥花上殘留的雨都成了詩人眼中的春淚，看來秦少游對芍藥是情有獨鍾，與它相比，薔薇竟被貶為懶臥枝頭的無力花朵。中國自古稱牡丹為花王，芍藥為花相。但在詩人與畫家的眼中草本的芍藥花似乎比牡丹更婉約。

趙老師善於處理各種細小但複雜的花。一幅名為「醉舞」的醉蝶花，四株姿態各異的醉蝶花在黑夜的昏暗月光中飄搖，東倒西斜真如在醉舞狂歡。小時住在鄉間時，道旁田埂間常見醉蝶花。那粉紅的頭狀花序有如一頂花冠，一叢花上有深有淺，尤其中間半開未開的花苞粉中帶綠美得真令人沈醉，少年時代我認為它是天下最美麗的花朵。醉蝶花非常複雜，除了一頭花序，它如虬髯般的花蕊，橫斜飛舞的花籽，真不知要有怎樣的功力與才情，才能將它處理得好。而趙老師真能以她的神來之筆，將那麼複雜的花朵畫得美如粉蝶翻飛。

她的「夏塘清韻」更是讓人驚豔。成千上百朵的布袋蓮（亦名鳳眼蓮）浮在夏日的水塘之中，花團錦簇，千姿百態。水上深翠淺綠的心型葉片簇擁著一莖穗狀粉紫色的蓮花，花瓣上的鳳眼有如一炬燭火，每支燭火又環繞著似螢光的點點花蕊，讓畫面上四處閃著耀眼的燭光。水中之倒影是迷迷濛濛的暗綠淡紫，畫家處理倒影的手法尤其難得，畫出了如夢似幻的質感。漂浮蓮花的水色在花葉覆蓋之下，似明似暗，畫家賦予它豐富的色彩，除了層層罩染上紅、紫、藍、綠，又呼應花葉的色彩在冷藍灰調子

中，加上一群紅色與白色的金魚穿插其間。一群游動的金魚賦予了整幅畫的生命，使畫面更加鮮活，並展現出極致的美感。

　　一幅「細雨江南」雖然只是花鳥之作，卻著實能讓人感覺到煙雨江南的春天韻致。江南的春天多雨，那潔白的梨花有如「千枝凝露生朝雨。」不論是十里鶯啼亦或是「春陌鳥聲嬌」，都恍如鳥雀在呼晴。唐宋詩人偏愛梨花，只因它開在春雨中，只因它如霜似雪，蘊涵著無限詩意。李白詠梨花有「梨花千樹雪」，白樂天有「最似嬌閨少年婦，白妝素面碧紗裙」，韋莊也有「細雨霏霏梨花白」，更有那千古風流的蘇東坡詠道「惆悵東欄一株雪，人生看得幾清明」，難怪畫家喜歡用梨花入畫。然而梨花細小，千花萬朵極難處理，畫家卻能處理得攢三聚五錯落有致。一樹梨花盛開於春雨中，數隻斑鳩三三兩兩的棲身在花叢裡，綿綿春雨無聲無息地飄落，忽然一隻斑鳩昂起了頭，似乎在豎耳傾聽。國畫顏料中，白粉最不好用，用少則不顯，用多則死硬，畫家卻能用得恰到好處，表現出梨花的嬌嫩。而梨樹初發之嫩葉則捨青綠用金色，不但更能襯托出梨花的白，而且增加畫面的燦爛。背景有明有暗，光影流動，整幅畫雅致明快美如珠玉。

　　趙老師所有的作品在構圖上絕對不落俗套，而她入畫的題材多不勝數，除了傳統的牡丹、荷花、芙蓉、蜀葵、茶花、鳶尾之外；古人不曾畫過的天堂鳥花、鬱金香、吊鐘花等都能入畫。她的構圖出於寫生，然而她觀察細微加上截長補短，使畫面的經營布置更加完美。她有如一位巧手的園藝家，將花葉培植的豐腴繁茂又修剪得宜，所以園中沒有殘花敗葉，處處繁花似錦，明豔奪目。

　　評論家曾肅良說：「欣賞趙女士的畫作，就像融入一場雨霧，或是走入一座幽谷，四周充滿了無邊的飄渺與迷離」。我欣賞了趙老師的畫作之後，真被那複雜又自然的構圖以及美得夢幻的色彩所折服。那一大片層次

分明的繁花密葉要花多少心血去打白描底稿，又要花多少時間去一片片一朵朵一葉葉一層層地渲染，除此之外又該要有怎樣的天分多少的磨練以及過人的才華才能染出這般美得超然炫目的色彩。

　　畢業於中央美術學院附中的她，雖然得天獨厚，很早就有機會受到專業的訓練，並幸運的經過名師指導。但若不是有異於常人的審美觀與對大自然的敏銳感覺，也難成就出獨特的風格與卓越的成就。她的畫以中國壁畫技法為基礎，又融入西方色彩學的理論，在反覆的渲染中達到最極致的效果與美感。她在構圖上，上承清代的惲南田、八大山人，下繼近代的吳昌碩，現代的潘天壽、黃賓虹等人的理論，即起伏轉折，疏密聚散，參差錯落，知黑布白這十六個字。但我還是相信世上成功的藝術家都是天份加上努力，趙老師的天份好是勿庸置疑的。

　　1989年，她來到美洲，輾轉來到聖荷西定居。二十年來，她在灣區先後教過一百多位弟子。由於她的教誨，在灣區撒下了工筆國畫的種子，接著開花散葉，讓許多人有機會認識國畫之美，從而豐富了他們的藝術生活。她引導大家賞花觀鳥，享受自然之美，慰藉了大家心靈的生活。

　　天地有大美，好花是自然界最美麗的色彩，而飛鳥是人間最動人的韻律。

　　誠如趙老師自己所說「花代表一種憧憬與灑脫，更是一種心靈昇華與潔淨的象徵」。所以她要藉由花的清高來編織出一幅幅生命的景象。更藉由花葉的榮枯變化，去訴說她人生旅途的種種際遇。在不斷的創作中，她永保平常心，也正如杜子美在他的丹青引所說的「丹青不知老將至，富貴於我如浮雲」。當然，趙老師將如她的花鳥世界，永遠年輕有活力。

──原載《品雜誌》，2010年2月。

1	2

3	4	5

6	7	8

1　林園雙鳩圖
2　白芍藥
3　「醉舞」之醉蝶花
4　夏塘清韻圖
5　荷花雙鷺圖
6　細雨江南
7　茶花雙雀圖
8　金色鳶尾花

釀生活12　PE0127

 吃喝玩樂話矽谷

作　　者　周典樂
責任編輯　盧羿珊
圖文排版　莊皓云
封面設計　蔡瑋筠

出版策劃　釀出版
製作發行　秀威資訊科技股份有限公司
　　　　　114 台北市內湖區瑞光路76巷65號1樓
　　　　　電話：+886-2-2796-3638　傳真：+886-2-2796-1377
　　　　　服務信箱：service@showwe.com.tw
　　　　　http://www.showwe.com.tw
郵政劃撥　19563868　戶名：秀威資訊科技股份有限公司
展售門市　國家書店【松江門市】
　　　　　104 台北市中山區松江路209號1樓
　　　　　電話：+886-2-2518-0207　傳真：+886-2-2518-0778
網路訂購　秀威網路書店：http://www.bodbooks.com.tw
　　　　　國家網路書店：http://www.govbooks.com.tw
法律顧問　毛國樑　律師
總 經 銷　聯合發行股份有限公司
　　　　　231新北市新店區寶橋路235巷6弄6號4F
　　　　　電話：+886-2-2917-8022　傳真：+886-2-2915-6275

出版日期　2017年2月　BOD一版
定　　價　450元

國家圖書館出版品預行編目

吃喝玩樂話矽谷 / 周典樂作. -- 一版. -- 臺北
市 : 釀出版, 2017.02
　　面；　公分. -- (釀生活；12)
　BOD版
　ISBN 978-986-445-185-2(平裝)

　1. 旅遊　2. 美國加利福尼亞州

752.77109　　　　　　　　106000120

讀者回函卡

感謝您購買本書，為提升服務品質，請填妥以下資料，將讀者回函卡直接寄
回或傳真本公司，收到您的寶貴意見後，我們會收藏記錄及檢討，謝謝！
如您需要了解本公司最新出版書目、購書優惠或企劃活動，歡迎您上網查詢
或下載相關資料：http:// www.showwe.com.tw

您購買的書名：_____

出生日期：_____年_____月_____日

學歷：□高中 (含) 以下　　□大專　　□研究所 (含) 以上

職業：□製造業　□金融業　□資訊業　□軍警　□傳播業　□自由業
　　　□服務業　□公務員　□教職　　□學生　□家管　　□其它_____

購書地點：□網路書店　□實體書店　□書展　□郵購　□贈閱　□其他

您從何得知本書的消息？

　　□網路書店　□實體書店　□網路搜尋　□電子報　□書訊　□雜誌
　　□傳播媒體　□親友推薦　□網站推薦　□部落格　□其他_____

您對本書的評價：（請填代號　1.非常滿意　2.滿意　3.尚可　4.再改進）

　　封面設計____　版面編排____　內容____　文／譯筆____　價格____

讀完書後您覺得：

　　□很有收穫　□有收穫　□收穫不多　□沒收穫

對我們的建議：_____

_____

_____

_____

11466
台北市內湖區瑞光路 76 巷 65 號 1 樓

秀威資訊科技股份有限公司　　　收

BOD 數位出版事業部

....

（請沿線對折寄回，謝謝！）

姓　　名：＿＿＿＿＿＿＿＿＿　年齡：＿＿＿＿＿　性別：□女　□男

郵遞區號：□□□□□

地　　址：＿＿＿＿＿＿＿＿＿＿＿＿＿＿＿＿＿＿＿＿＿＿＿

聯絡電話：(日) ＿＿＿＿＿＿＿＿＿＿＿　(夜) ＿＿＿＿＿＿＿＿＿＿＿

E - m a i l：＿＿＿＿＿＿＿＿＿＿＿＿＿＿＿＿＿＿＿＿＿＿＿